20시간에 끝내는

토익 스피킹

제이 정

하루 2시간
10일 완성!

머리말

"영어 손 놓은 지 10년이 넘었어요. 수업 열심히 들으면 IH 나올 수 있을까요?"
"문법도 약하고 어휘도 약하고 진짜 영어는 자신 없어요."
"승진 때문에 토익 스피킹 점수가 필요한데 저 같은 사람도 점수 나오는 것이 가능한가요?"

토익 스피킹 전문 강사인 제가 가장 많이 듣는 질문입니다. 토익 스피킹 점수가 필요한 사람 중에 영어에 자신 있는 사람이 얼마나 될까요? 단언컨대 몇 명 안 됩니다. 토익 스피킹은 영어로 말하는 시험이지만 영어를 잘하는 사람만 좋은 점수를 받을 수 있는 시험이 아닙니다.

공식적으로 알려진 토익 스피킹 채점 기준에는 일관성, 발음 등 여러 요소가 포함되어 있습니다. 하지만 제가 수년 전 토익 스피킹 강의를 시작했을 때는 채점 기준 자체가 명확하다고 느껴지지 않았습니다. 일관성이 얼마나 뛰어나야 만점이 나오는지, 답변 시간을 반만 채워도 답변에 일관성만 있다면 만점이 가능한지, 발음은 원어민 수준이어야만 만점이 가능한지 등등 굉장히 많은 의문이 들었습니다. 여기저기 검색을 해보는 방식으로는 정답을 찾을 수 없다는 생각이 들자, 그때부터 매주 시험을 보며 별짓을 다했습니다. 매번 시험을 볼 때마다 다른 무언가를 하나씩 시도해 보았습니다. 질문 하나에 무응답하면 몇 점이 깎이는지, 무응답 시 깎이는 점수는 문항마다 동일한지, 답변 시간 반만 채우면 점수에 어느 정도 영향을 미치는지, 질문과 아예 관련 없는 답변을 하면 점수가 조금이라도 나오는지 등등 궁금했던 모든 것을 직접 다 해보았습니다. 특정 시도를 한 번만 하면 확신이 서지 않아서 여러 번씩 반복했습니다. 이렇게 학생들의 점수가 가장 잘 나올 수 있는 확실한 방법들을 스스로 터득했습니다. 수많은 학생들이 제 수업을 듣고 원하는 점수가 나왔다고 알려 주실 때마다 매번 기분 좋고 뿌듯하지만, 사실 저는 당연한 결과라고 생각합니다.
이미 20만 명 이상의 수강생이 저와 함께 공부하였고, IH 이상의 결과를 받으신 분들이 남겨 주신 후기만 1만 건 이상입니다. 이제 당신 차례입니다. 더 이상 고민하지 마시고 이 책으로 도전해 보세요.

Special Thanks
볼 때마다 멋진 양원석 대표님, 나의 모든 것에 동기 부여가 되는 양이안님, 끝도 없이 믿어 주고 지원해 주시는 부모님과 정승용 실장님, 정단우님, 항상 응원해 주고 칭찬해 주시는 윤성혁 대표님, 언제나 든든한 버팀목이 되어 주시는 이준호 이사님, 멋진 선배님들, 지영 선생님, 은진 선생님, 지니 선생님, 세영 선생님, 외롭지 않은 사람으로 만들어 주는 성희, 윤지, 현지, 윤숙, 아림, 규연, Tammy, Sarah, 최선을 다해 좋은 책 만들어 주신 강은하 팀장님, 정유상님, 그리고 제가 들들 볶으며 힘들게 해도 참고 열심히 공부해 주는 제 학생들! 감사합니다. 사랑합니다.

케이정

목차

이 책의 구성 및 특징

20시간에 토익 스피킹을 끝내는
체계적인 커리큘럼

실제 토익 스피킹 시험과 동일하게 5개 파트로 되어 있으며, 각 파트는 <파트 소개 → 만점 답변 기술 → 빈출 문제 기술 적용 → 실전 연습> 순으로 구성되어 있어서 책의 진도대로 따라오기만 하면 누구나 쉽고 빠르게 토익 스피킹을 끝낼 수 있습니다.

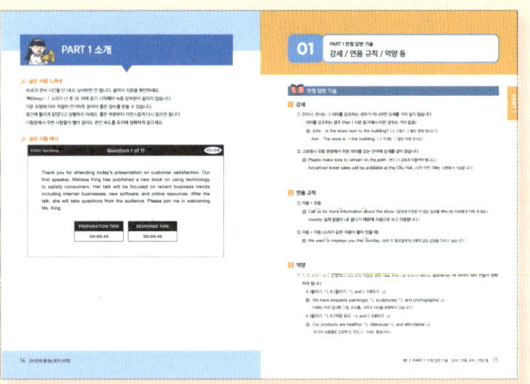

꼭 필요한 정보를 알려 주는
파트 소개 페이지

토익 스피킹을 처음 접하는 학생들을 위해 파트별 소개 페이지를 수록하였습니다. 실제 시험에서 각 파트가 어떻게 진행되는지, 주의해야 할 점은 무엇인지 등 꼭 필요한 실전 시험 노하우를 담았습니다.

누구나 만점을 받을 수 있는 방법
만점 답변 기술

각 파트별로 어떻게 하면 만점을 받을 수 있는지 알려 주는 만점 답변 기술을 수록하였습니다. 만점 답변 기술만 마스터하면 누구든 만점을 받을 수 있습니다.

만점 답변 기술을 바로 적용해 보는
빈출 문제 기술 적용

가장 자주 출제되는 문제들에 앞에서 배운 만점 답변 기술을 바로 적용해 반복 연습할 수 있습니다. 기술 적용 훈련을 하면서 문제 풀이에 익숙해질 수 있습니다.

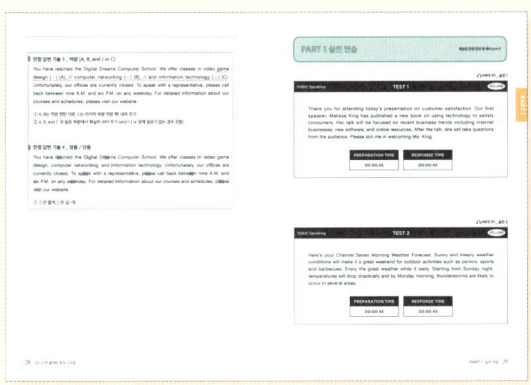

실제 시험과 똑같이 연습해 보는
실전 연습

만점 답변 기술을 문제에 적용해 보는 연습까지 마쳤다면 이제 실전 연습을 할 단계입니다. 같은 문제를 실제 시험과 똑같이 연습하면서 학습을 마무리할 수 있습니다. 실전 연습 모범 답변 및 해석은 해설집에 수록되어 있습니다.

ACTUAL TEST 3 SET

교재 학습을 마친 후에 실전 연습을 충분히 할 수 있도록 실전과 동일한 구성과 난이도의 ACTUAL TEST를 3 SET 수록하였습니다.
ACTUAL TEST의 모범 답변 및 해석은 해설집에 수록되어 있습니다.

베타테스터들의 REAL 후기

김건우

"토익 스피킹이 뭔지도 몰랐는데 1주일 만에 토스 졸업합니다!"

토익 스피킹에 대해 아는 것이 없어서 어떻게 시작해야 하나 막막했는데 제이정 선생님 덕분에 1주일 만에 토스 졸업했어요. 단기간에 좋은 성적 얻고 싶으신 분은 제이정 선생님의 꼼꼼한 커리큘럼에 따라 준비하시면 꼭 원하시는 성적 얻으실 겁니다.

이연지

"2주 만에 160점 달성!"

토스 점수는 필요한데 토스 책은 한 번도 펴본 적도 없어서 고민이 많았어요. 영어 쯤 하는 듯한 느낌을 팍팍 주는 선생님의 고급진 템플릿 문장을 외우기만 했습니다. 문장들이 어느 정도 입에 붙고 나니 문제가 풀리기 시작했어요.

김정식

"2주 집중해서 2년 편해집시다!"

토스를 처음 공부하는 입장이라 걱정이 앞섰습니다. 시험에 몇 문제가 나오는지도 모르는 상태였어요. 선생님을 계속 흉내 내는 연습을 했습니다. 2주 동안 흉내 내는 연습을 하고 시험장에서도 연습한 거 그대로 하고 왔어요. 2주만 하면 160점 나옵니다.

윤라희

"2주 만에 첫 시험에서 AL 달성!"

토익 스피킹의 최고 레벨이 몇인지도 몰랐는데 이렇게 짧은 시간에 AL을 달성하게 되어 신기합니다. 처음에 There is, There are도 버벅거려서 걱정됐는데 제이정 선생님께 배운 문장들을 계속 연습하니 AL 달성했어요. 토스 왕초보를 AL로 만들어 주신 제이정쌤 정말 감사합니다.

이규성

"1주일 만에 목표 달성했어요!"

시험 1주일 전에 준비를 시작했어요. 따로 해야 하는 일이 있어 많은 시간을 투자하지도 못했는데 제이정 선생님께 배운 템플릿을 계속 반복해서 외웠습니다. 그러니 단기간에 점수 올리는 것이 생각보다 어렵지 않았습니다.

20시간에 끝내는 학습 플랜

1일차	2시간	01. PART 1 만점 답변 기술 _ 강세 / 연음 규칙 / 억양 5
		02. PART 1 빈출 문제 기술 적용 1 _ 발표(연설) / 날씨 방송
		03. PART 1 빈출 문제 기술 적용 2 _ 투어 안내 / 광고
		04. PART 1 빈출 문제 기술 적용 3 _ 교통 방송 / 자동응답 메시지
		PART 1 실전 연습
2일차	2시간	05. PART 2 만점 답변 기술 1, 2 _ 노트테이킹 / 첫 문장
		06. PART 2 만점 답변 기술 3 _ 사람 묘사
		07. PART 2 만점 답변 기술 4 _ 사물/배경 묘사
		08. PART 2 만점 답변 기술 5 _ 끝 문장
3일차	2시간	09. PART 2 빈출 문제 기술 적용 _ 야외 마켓 / 사무실 / 공원 / 탕비실 / 횡단보도
		PART 2 실전 연습
4일차	2시간	10. PART 3 만점 답변 기술 1 _ 질문 유형 파악
		11. PART 3 만점 답변 기술 2, 3 _ Q5, Q6 추가 문장 만들기 / Q7 30초 답변 템플릿
		12. PART 3 만점 답변 기술 4 _ 필수 표현 활용하기
5일차	2시간	13. PART 3 빈출 문제 기술 적용 1 _ SET 1
		14. PART 3 빈출 문제 기술 적용 2 _ SET 2, 3
		15. PART 3 빈출 문제 기술 적용 3 _ SET 4, 5
		PART 3 실전 연습
6일차	2시간	16. PART 4 만점 답변 기술 1 _ 표 분석하여 질문 예상하기
		17. PART 4 만점 답변 기술 2 _ 답변 만들기 공식
7일차	2시간	18. PART 4 빈출 문제 기술 적용 1 _ 행사 스케줄
		19. PART 4 빈출 문제 기술 적용 2 _ 수업 스케줄
		20. PART 4 빈출 문제 기술 적용 3 _ 인터뷰 스케줄
		PART 4 실전 연습
8일차	2시간	21. PART 5 만점 답변 기술 1 _ 첫 문장/끝 문장 구상하기
		22. PART 5 만점 답변 기술 2 _ 필수 표현/어휘 활용하기
		23. PART 5 만점 답변 기술 3, 4 _ 본론(이유) 만들기 / 부연 설명
9일차	2시간	24. PART 5 빈출 문제 기술 적용 _ 유형 1~5
		PART 5 실전 연습
10일차	2시간	ACTUAL TEST 1
		ACTUAL TEST 2
		ACTUAL TEST 3

TOEIC SPEAKING 시험 소개

TOEIC Speaking 시험 FAQ

Q. 시험 시간은 얼마나 걸리나요?

A. 오리엔테이션까지 합쳐서 약 40~45분 걸리지만, 순수 시험 시간은 약 20분입니다.

Q. 시험 빈도는요?

A. 거의 모든 토요일과 일요일에 시행되고, 가끔 수요일에 추가로 진행되는 경우가 있습니다. 자세한 일정은 TOEIC Speaking Test 공식 홈페이지인 www.toeicspeaking.co.kr에서 확인할 수 있습니다.

Q. 시험은 어떤 방식으로 진행되나요?

A. CBT(Computer-Based Test) 방식으로, 수험생은 컴퓨터 앞에 앉아 헤드셋을 끼고 화면을 보면서 질문에 대한 응답을 합니다. 이 응답이 컴퓨터에 녹음되는 방식입니다.

Q. 성적의 유효 기간은 몇 년인가요?

A. TOEIC과 같습니다. 시험 시행일로부터 2년 뒤 해당 시험일까지입니다.

Q. 성적은 언제 나오나요?

A. 시험 응시일로부터 약 5일 후 인터넷 홈페이지 www.toeicspeaking.co.kr의 '성적 확인' 페이지에서 확인할 수 있습니다.

Q. 시험 접수는 어디에서 하나요?

A. 인터넷 홈페이지 www.toeicspeaking.co.kr에서 접수가 가능하며, 모바일 App을 통해서도 접수할 수 있습니다.

TOEIC Speaking 시험 구성

문제 번호	유형	평가 기준	답변 준비 시간	답변 시간
Part1 Q1-2	Read a text aloud (지문 읽기)	·발음, 억양, 강세	각 45초	각 45초
Part2 Q3~4	Describe a picture (사진 묘사하기)	·발음, 억양, 강세 ·문법, 어휘, 일관성	각 45초	각 30초
Part3 Q5~7	Respond to questions (질문에 답하기)	·발음, 억양, 강세 ·문법, 어휘, 일관성 ·완성도	문항별 3초	Q5 : 15초 Q6 : 15초 Q7 : 30초
Part4 Q8~10	Respond to questions using information provided (제공된 정보를 사용하여 질문에 답하기)	·발음, 억양, 강세 ·문법, 어휘, 일관성 ·완성도	정보 읽는 시간 45초 문항별 3초	Q8 : 15초 Q9 : 15초 Q10 : 30초
Part5 Q11	Express an opinion (의견 제시하기)	·발음, 억양, 강세 ·문법, 어휘, 일관성 ·완성도	45초	60초

TOEIC Speaking 레벨별 점수

레벨	환산 점수	평가
Advanced High	200	복잡한 의견 제시가 가능하며, 실수가 적고, 발음이나 억양이 알아듣기 쉬움.
Advanced Mid	180~190	일상 대화가 가능하며, 가끔 실수가 있지만, 발음이나 억양이 알아듣기 쉬움.
Advanced Low	160~170	대부분의 질문에 답변할 수 있으나, 발음이나 문법적인 실수가 있음.
Intermediate High	140~150	기본적인 질문에 답변 가능하며, 때때로 응답하지 못함.
Intermediate Mid	110~130	어휘가 다양하지 못하며, 어려운 질문에 답변하지 못함.
Intermediate Low	90~100	복잡한 질문을 이해하지 못하며, 기본적인 문법에 실수가 많음.
Novice High	60~80	본인의 의견을 말하기 어려우며, 기본적인 대화를 이해하기 어려움.
Novice Mid / Low	0~50	대부분의 질문에 답변 못하며, 외국인과 의사소통하기 어려움.

TOEIC SPEAKING 시험 진행 방식

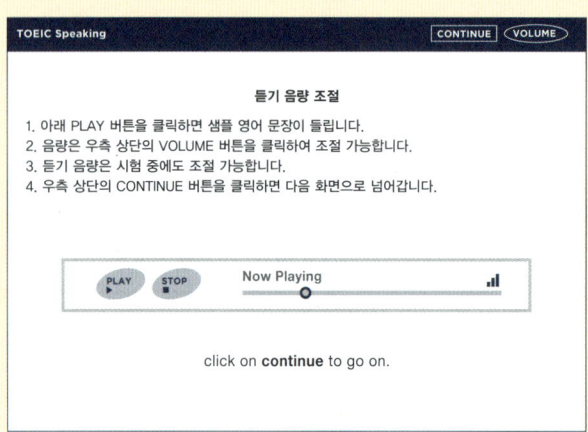

듣기 음량 조절

헤드셋 착용 후, 샘플 문장을 들으며 자신에게 알맞은 음량으로 조절합니다. 듣기 음량은 시험 중에도 조절 가능합니다.

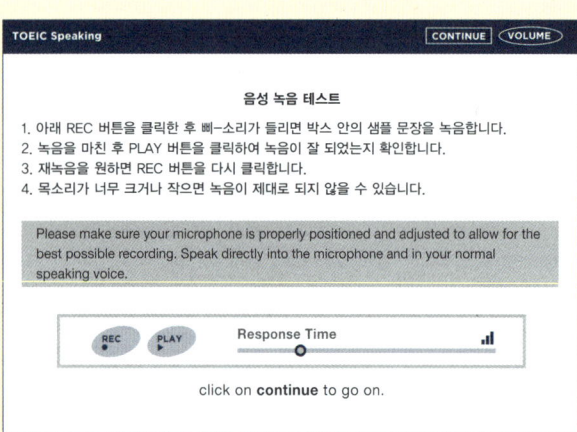

음성 녹음 테스트

헤드셋에 부착된 마이크에 대고 샘플 문장을 녹음합니다. 녹음이 잘 되었나 들어보고, 녹음이 되지 않았거나, 이상이 있다면 즉시 감독관에게 알립니다.

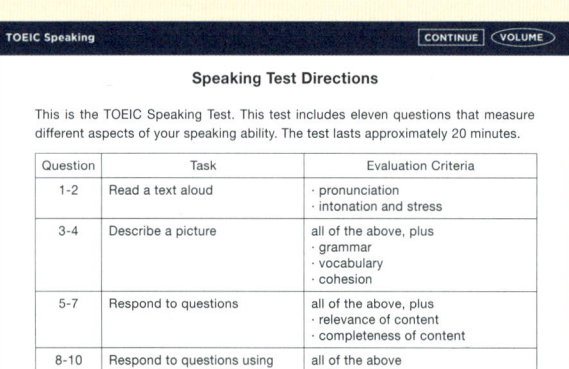

전체 디렉션 화면

각 파트별 문제 유형과 평가 기준을 알 수 있습니다.

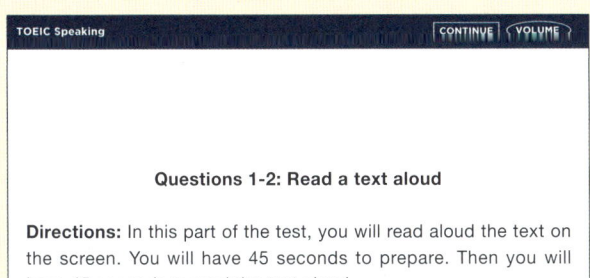

Questions 1-2: Read a text aloud

Directions: In this part of the test, you will read aloud the text on the screen. You will have 45 seconds to prepare. Then you will have 45 seconds to read the text aloud.

파트별 디렉션 화면

파트별 디렉션을 자세히 읽어볼 수 있습니다.
파트별 디렉션은 음성으로도 제시됩니다.

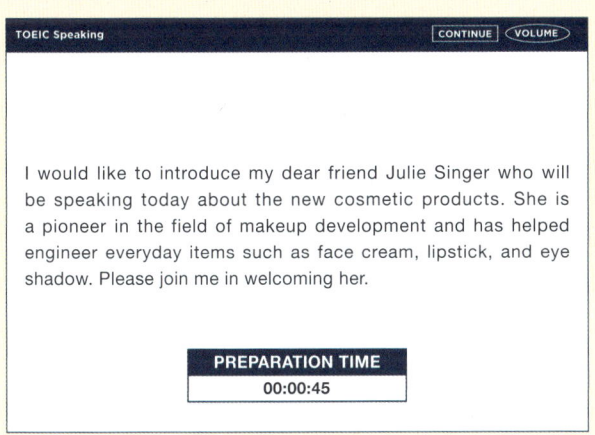

준비 시간 화면

문제 화면

준비 시간과 답변 시간은 삐-(beep) 소리와 함께 시작됩니다. 시간에 대한 감점이 있는 몇몇 문항은 화면 하단의 시간에 특별히 신경 쓰면서 시험에 응하도록 합니다.

답변 시간 화면

Read a Text Aloud

지문 읽기

□ Q1-2, 총 2문제

⊘ 발음, 억양, 강세 중요

🕐 준비 시간 45초

🎙 답변 시간 45초

PART 1 소개

☀ 실전 시험 노하우

· 45초의 준비 시간을 단 1초도 낭비하면 안 됩니다. 끝까지 지문을 확인하세요.

· '삐(Beep) – !' 소리가 난 후 1초 뒤에 읽기 시작해야 녹음 앞부분이 잘리지 않습니다.

· 지문 유형에 따라 적절히 연기하듯 읽어야 좋은 점수를 받을 수 있습니다.

· 중간에 틀리게 읽었다고 당황하지 마세요. 틀린 부분부터 자연스럽게 다시 읽으면 됩니다.

· 시험장에서 주변 사람들이 빨리 읽어도 본인 속도를 유지해 정확하게 읽으세요.

☀ 실전 시험 예시

TOEIC Speaking	Question 1 of 11	VOLUME

Thank you for attending today's presentation on customer satisfaction. Our first speaker, Melissa King has published a new book on using technology to satisfy consumers. Her talk will be focused on recent business trends including internet businesses, new software, and online resources. After the talk, she will take questions from the audience. Please join me in welcoming Ms. King.

PREPARATION TIME	RESPONSE TIME
00:00:45	00:00:45

01 PART 1 만점 답변 기술
강세 / 연음 규칙 / 억양 등

 만점 답변 기술

1 강세

① 전치사, 관사는 그 의미를 강조하는 경우가 아니라면 강세를 거의 넣지 않습니다.

· 의미를 강조하는 경우 (Part 1 지문 읽기에서 이런 경우는 거의 없음)

예 John : Is the store next to the building? (그 가게가 그 빌딩 옆에 있나요?)

Ann : The store is in the building. (그 가게는 그 빌딩 안에 있어요.)

② 고유명사 포함 문장에서 주된 의미를 갖는 단어에 강세를 넣어 읽습니다.

예 Please make sure to remain on the path. (반드시 경로에 머물러야 합니다.)

Advanced ticket sales will be available at the City Hall. (사전 티켓 구매는 시청에서 가능합니다.)

2 연음 규칙

① 자음 + 모음

예 Call us for more information about the show. (공연에 관련된 더 많은 정보를 원하시면 저희에게 전화 주세요.)

(more는 실제 발음이 r로 끝나기 때문에 자음으로 보고 연음합니다.)

② 자음 + 자음 (소리가 같은 자음이 붙어 있을 때)

예 We want to impress you this Sunday. (이번 주 일요일에 당신에게 깊은 감동을 드리고 싶습니다.)

3 억양

① A, B, and / or C 문형에서 A와 B의 억양은 편한 대로 하되 C는 반드시 내리고, 쉼표에서는 꼭! 쉬어야 의미 전달이 정확하게 됩니다.

· A (올리기 ↗), B (올리기 ↗), and C (내리기 ↘).

예 We have exquisite paintings(↗), sculptures(↗), and photographs(↘).

(저희는 아주 정교한 그림, 조각품, 그리고 사진을 보유하고 있습니다.)

· A (올리기 ↗), B (억양 유지 →), and C (내리기 ↘).

예 Our products are healthy(↗), delicious(→), and affordable(↘).

(우리의 상품들은 건강하고, 맛있고, 가격도 좋습니다.)

· A (내리기 ↘), B (올리기 ↗), and C (내리기 ↘).

> **예** Call us for information about our business hours(↘), directions to the store(↗), and upcoming sales(↘). (저희의 영업 시간, 매장으로 오시는 길, 그리고 다가오는 세일에 대한 정보를 원하신다면 전화 주세요.)

② A, B, and / or C 문형이 C에서 문장이 끝나지 않을 때는 C의 억양까지 편한 대로 하되, 문장의 마지막 단어에서 억양을 내립니다.

· A (억양 유지 →), B (억양 유지 →), and C (억양 유지 →), more(내리기 ↘).

> **예** If you want to know about our trainers(→), programs(→), and sports facilities(→), please press one(↘). (만일 저희의 트레이너, 프로그램, 그리고 스포츠 시설에 대해 알고 싶으시다면 1을 눌러 주세요.)

4 장음 / 단음

① 장음: 입 모양 옆으로 길~게, 소리도 길~게!

> **예** Please make sure that you are not leaving any of your belongings.
> (소지품을 하나라도 두고 가시는 일이 없도록 확인해 주세요.)
> Please feel free to ask one of our staff. (저희 직원 중 한 명에게 편하게 문의해 주세요.)

② 단음: 입 모양 거의 그대로 유지, 소리는 짧게!

> **예** Do you want to get rid of it? (그것을 처분하고 싶으신가요?)
> This is your chance! (이것은 당신의 기회입니다!)

5 의미 단위(Chunk)로 끊어 읽기

① 쉼표에서 반 숨, 마침표 등의 문장부호 뒤에서는 한 숨 끊어 읽습니다.

> **예** Work on this area will continue through the weekend. // After we have a break, / we will bring you the weather report. (이 지역에서의 작업은 주말까지 계속될 것입니다. 잠시 후, 일기 예보가 있겠습니다.)

② 한 문장이 너무 길고 쉼표가 중간에 없을 때는 전치사, 접속사, 동사, 관계대명사의 앞에서 끊어 읽을 수 있습니다.

· 중간에 끊지 말고 아래 문장을 읽어 보세요.

> **예** We'll begin the show soon but first it's my honor to introduce our guest.
> (곧 공연을 시작할 것인데 그 전에 저희의 게스트를 소개하게 되어 영광입니다.)

숨이 딸리는 느낌이라면! 아래 방식으로 도전해 보세요.

> **예** We'll begin the show soon / but first it's my honor / to introduce our guest.

발표(연설)

Thank you for attending today's presentation on customer satisfaction. Our first speaker, Melissa King has published a new book on using technology to satisfy consumers. Her talk will be focused on recent business trends including internet businesses, new software, and online resources. After the talk, she will take questions from the audience. Please join me in welcoming Ms. King.

(해석: 해설집 p. 4 참고)

■ **만점 답변 기술 1, 2 _ 강세 / 연음 규칙**   ♪ MP3 P1_답변 1

Thank you for attending today's **presentation** on **customer satisfaction**. Our first speaker, Melissa King has published a new book on using **technology** to satisfy **consumers**. Her **talk** will be **focused on** recent business trends including **internet businesses**, new **software**, and **online resources**. After the talk, she will take **questions** from the **audience**. Please join me in welcoming Ms. King.

① Thank you for attending [for attending 연음]

② presentation [프래zen테이션]

③ customer satisfaction [쎄리스fæk션]

④ technology [텍날러지]

⑤ consumers [컨쑤우mers]

⑥ talk [터 - 어ㅋ]

⑦ focused on [focused on 연음]

⑧ internet businesses [businesses는 마지막 s까지 발음 (비z니sis)]

⑨ software [써ft웨r]

⑩ online resources [어언라인 뤼쏘r - sis]

⑪ questions [쿠웨스쳔s]

⑫ audience [어 - 디언s]

만점 답변 기술 3 _ 억양 (A, B, and / or C)

Thank you for attending today's presentation on customer satisfaction. Our first speaker, Melissa King has published a new book on using technology to satisfy consumers. Her talk will be focused on recent business trends including internet businesses (→) (A), // new software (→) (B), // and online resources (↘) (C). After the talk, she will take questions from the audience. Please join me in welcoming Ms. King.

① A, B는 억양 편한 대로, C는 마지막 부분 억양 쭉! 내려 주기
② A, B, and C 의 쉼표 부분에서 확실히 쉬어 주기 (and 나 or 앞에 쉼표가 없는 경우 포함)

만점 답변 기술 4 _ 장음 / 단음

Thank you for attending today's presentation on customer satisfaction. Our first speaker, Melissa King has published a new book on using technology to satisfy consumers. Her talk will be focused on recent business trends including internet businesses, new software, and online resources. After the talk, she will take questions from the audience. Please join me in welcoming Ms. King.

① ▮은 짧게, ▮은 길~게

날씨 방송

Here's your Channel Seven Morning Weather Forecast. Sunny and breezy weather conditions will make it a great weekend for outdoor activities such as picnics, sports and barbecues. Enjoy the great weather while it lasts. Starting from Sunday night, temperatures will drop drastically and by Monday morning, thunderstorms are likely to occur in several areas.

(해석: 해설집 p. 4 참고)

■ 만점 답변 1, 2 _ 강세 / 연음 규칙　　🎧 MP3 P1_답변 2

Here's your **Channel** Seven **Morning Weather Forecast**. **Sunny** and breezy weather **conditions** will make it a great weekend for **outdoor activities** such as picnics, sports and barbecues. Enjoy the great weather while it lasts. **Starting from** Sunday night, **temperatures** will drop **drastically** and by Monday morning, **thunderstorms** are likely to **occur** in **several areas**.

① Channel　[췌에널]

② Morning　[모닝]

③ Weather Forecast　[Weather Forecast 두 단어에 들어 있는 r 발음 챙기기]

④ Sunny　[써니]

⑤ conditions　[컨디션s]

⑥ outdoor activities　[outdoor activities 연음]

⑦ Starting from　[starting from 두 단어에 들어 있는 r 발음 챙기기]

⑧ temperatures　[템퍼r춰rs]

⑨ drastically　[드롸s티클리]

⑩ thunderstorms　[thunderstorms r 발음 챙기기]

⑪ occur　[어커r]

⑫ several areas　[several areas 연음 + 두 단어에 들어 있는 r 발음 챙기기]

만점 답변 기술 3 _ 억양 (A, B, and / or C)

Here's your Channel Seven Morning Weather Forecast. Sunny and breezy weather conditions will make it a great **weekend** for outdoor activities such as picnics (→) (A), // sports (→) (B) // and barbecues (↘) (C). Enjoy the great weather while it lasts. Starting from Sunday night, temperatures will drop drastically and by Monday morning, thunderstorms are likely to occur in several areas.

① A, B는 억양 편한 대로, C는 마지막 부분 억양 쭉! 내려 주기
② A, B, and C 의 쉼표 부분에서 확실히 쉬어 주기 (and 나 or 앞에 쉼표가 없는 경우 포함)

만점 답변 기술 4 _ 장음 / 단음

Here's your Channel Seven Morning Weather Forecast. Sunny and breezy weather conditions will make it a great weekend for outdoor activities such as picnics, sports and barbecues. Enjoy the great weather while it lasts. Starting from Sunday night, temperatures will drop drastically and by Monday morning, thunderstorms are likely to occur in several areas.

① ▮은 짧게, ▮은 길~게

투어 안내

Welcome to the Riverside Adventurers Tour of Garden Springs. In just a moment, we'll be arriving at our first stop, the famous Garden Springs Waterfall. You may leave any of your belongings on the bus as we explore the various sites. Please do not hesitate to approach me with questions, observations, or suggestions throughout the tour.

(해석: 해설집 p. 4 참고)

■ 만점 답변 기술 1, 2 _ 강세 / 연음 규칙   ♩MP3 P1_답변 3

Welcome to the Riverside Adventurers **Tour** of Garden Springs. **In just a moment**, **we'll be arriving** at our **first stop**, the famous Garden Springs Waterfall. You may leave any of your **belongings** on the bus as we **explore** the **various sites**. Please do not **hesitate** to **approach** me with **questions**, **observations**, or **suggestions** throughout the tour.

① Welcome to ['웰컴투'로 시작하는 문장은 감정 조금 더 과하게!]

② Tour [투어r]

③ In just a moment [In just a moment 연음]

④ we'll be arriving [윌비 어롸이ving]

⑤ first stop ['자음'과 '자음' 사이의 발음은 소리가 나지 않거나 거의 나지 않음
   first stop 에서 t 소리가 나지 않기 때문에 s와 s는 연음이 됨]

⑥ belongings [비러–엉잉s]

⑦ explore [익s플로r]

⑧ various sites [various sites 연음]

⑨ hesitate [헤zi테잇]

⑩ approach [어프ro–ch의 끝부분(ch)은 '목소리'가 아닌 '바람 소리'로 처리]

⑪ questions [쿠웨스쳔s]

⑫ observations [단어 초반부 발음 '아압zer–'에 유의]

⑬ suggestions [써제s쳔s]

▎만점 답변 기술 3 _ 억양 (A, B, and / or C)

Welcome to the Riverside Adventurers Tour of Garden Springs. In just a moment, we'll be arriving at our first stop, the famous Garden Springs Waterfall. You may leave any of your belongings on the bus as we explore the various sites. Please do not hesitate to approach me with questions (→) (A), // observations (→) (B), // or suggestions (→) (C) throughout the tour (↘).

① A, B, C는 억양 편한 대로, 문장의 마지막 단어 tour에서 억양 쭉! 내려 주기
② A, B, and C 의 쉼표 부분에서 확실히 쉬어 주기 (and 나 or 앞에 쉼표가 없는 경우 포함)

▎만점 답변 기술 4 _ 장음 / 단음

Welcome to the Riverside Adventurers Tour of Garden Springs. In just a moment, we'll be arriving at our first stop, the famous Garden Springs Waterfall. You may leave any of your belongings on the bus as we explore the various sites. Please do not hesitate to approach me with questions, observations, or suggestions throughout the tour.

① ▒은 짧게, ▒은 길~게

광고

Attention Waterfront Office Supplies customers. We have great offers going on in all departments this week. Be sure to check out our special deals on computer chairs, desks, and cabinets. What's more, if you sign up to become a member, you'll receive discount coupons in the mail each month. Come to Waterfront Office Supplies this week and take advantage of the incredible offers!

(해석: 해설집 p. 5 참고)

■ 만점 답변 기술 1, 2 _ 강세 / 연음 규칙   ⌒MP3 P1_답변 4

Attention Waterfront Office Supplies customers. We have great offers going on in all departments this week. Be sure to check out our special deals on computer chairs, desks, and cabinets. What's more, if you sign up to become a member, you'll receive discount coupons in the mail each month. Come to Waterfront Office Supplies this week and take advantage of the incredible offers!

① Attention [Attention으로 시작하는 문장은 감정 조금 더 과하게!]

② customers [커s터머rs]

③ great offers [great offers 연음 / 'O.ffers' 아니고 '어-ffers']

④ check out [check out 연음]

⑤ special deals [스빼셜 디얼s]

⑥ sign up [sign up 연음]

⑦ member [멤버r]

⑧ discount coupons [디s카운t 쿠파안s]

⑨ Come to [Come to로 시작하는 문장은 감정 조금 더 과하게!]

⑩ take advantage of [take advantage of 연음]

⑪ the incredible offers ['아 이 우 에 오 어' 소리가 나는 단어 앞에서는 '더' 아니고 '디'!

디 인크뤠더블 + incredible offers 연음]

■ 만점 답변 기술 3 _ 억양 (A, B, and / or C)

Attention Waterfront Office Supplies customers. We have great offers going on in all departments this week. Be sure to check out our special deals on computer chairs (→) (A), // desks (→) (B), // and cabinets (↘) (C). What's more, if you sign up to become a member, you'll receive discount coupons in the mail each month. Come to Waterfront Office Supplies this week and take advantage of the incredible offers!

① A, B는 억양 편한 대로, C는 마지막 부분 억양 쭉! 내려 주기
② A, B, and C 의 쉼표 부분에서 확실히 쉬어 주기 (and 나 or 앞에 쉼표가 없는 경우 포함)

■ 만점 답변 기술 4 _ 장음 / 단음

Attention Waterfront Office Supplies customers. We have great offers going on in all departments this week. Be sure to check out our special deals on computer chairs, desks, and cabinets. What's more, if you sign up to become a member, you'll receive discount coupons in the mail each month. Come to Waterfront Office Supplies this week and take advantage of the incredible offers!

① ■은 짧게, ■은 길~게

교통 방송

Now, it's time for the traffic report. Morning commuters should expect delays on Route 50, Third Avenue and Jefferson Bridge. However, the traffic is expected to thin out by 10 A.M. Since major downtown construction is expected to be finished soon, delays should decrease noticeably in the near future.

(해석: 해설집 p. 5 참고)

▌ 만점 답변 기술 1, 2 _ 강세 / 연음 규칙　　　　🎧 MP3 P1_답변 5

Now, it's time for the **traffic report**. **Morning commuters** should **expect delays** on Route 50, Third **Avenue** and Jefferson **Bridge**. However, the traffic is **expected** to **thin out** by 10 A.M. Since major **downtown construction** is expected to be **finished** soon, delays should decrease noticeably in the near future.

① traffic　[츄**뢔**fik]

② report　[뤼**포**rㅌ]

③ Morning commuters　[Mo<u>r</u>ning commute<u>r</u>s 두 단어에 들어 있는 r 발음 챙기기]

④ expect　[익s**펙**ㅌ]

⑤ delays　[딜**레**이s]

⑥ Avenue　[**애**vi뉴]

⑦ Bridge　['브릿ge'의 끝부분(ge)은 '목소리'가 아닌 '바람 소리'로 처리]

⑧ expected　[익s**펙**틷]

⑨ thin out　[thin͜ out 연음]

⑩ downtown　[**다**운타운]

⑪ construction　[컨s**트뤅**션]

⑫ finished　[finished의 끝부분(ed)은 '목소리'가 아닌 '바람 소리'로 처리]

▌만점 답변 기술 3 _ 억양 (A, B, and / or C)

Now, it's time for the traffic report. Morning commuters should expect delays on Route 50 (→) (A), // Third Avenue (→) (B) // and Jefferson Bridge (↘) (C). However, the traffic is expected to thin out by 10 A.M. Since major downtown construction is expected to be finished soon, delays should decrease noticeably in the near future.

① A, B는 억양 편한 대로, C는 마지막 부분 억양 쭉! 내려 주기
② A, B, and C 의 쉼표 부분에서 확실히 쉬어 주기 (and 나 or 앞에 쉼표가 없는 경우 포함)

▌만점 답변 기술 4 _ 장음 / 단음

Now, it's time for the traffic report. Morning commuters should expect delays on Route 50, Third Avenue and Jefferson Bridge. However, the traffic is expected to thin out by 10 A.M. Since major downtown construction is expected to be finished soon, delays should decrease noticeably in the near future.

① ▓은 짧게, ▓은 길~게

자동응답 메시지

You have reached the Digital Dreams Computer School. We offer classes in video game design, computer networking, and information technology. Unfortunately, our offices are currently closed. To speak with a representative, please call back between nine A.M. and six P.M. on any weekday. For detailed information about our courses and schedules, please visit our website.

(해석: 해설집 p. 5 참고)

▌ 만점 답변 기술 1, 2 _ 강세 / 연음 규칙　　　　　　　　🎧 MP3 P1_답변 6

You have **reached** the **Digital** Dreams **Computer** School. We **offer** classes in video game design, computer **networking**, and **information technology**. **Unfortunately**, our **offices** are **currently closed**. To speak with a **representative**, please **call back** between nine A.M. and six P.M. on any weekday. For **detailed information about our** courses and schedules, please visit our website.

① reached　[reached의 끝부분(ed)은 '목소리'가 아닌 '바람 소리'로 처리]

② Digital　['디지탈' 아니고 '디지럴']

③ Computer　['컴퓨터' 아니고 '컴퓨 – 러r']

④ offer　['오ffer' 아니고 '어 – ffer']

⑤ networking　[넷워r낑]

⑥ information technology　[information 단어에 들어 있는 r 발음 챙기기 + 텍날러지]

⑦ Unfortunately　[언for츄널//리]

⑧ offices　[office와 같이 발음이 s로 마무리되는 단어 끝에 –s가 붙었을 때는 '어fi – sis'라고 읽어야 함.
　　　　　　　(추가 연습 : services, performances)]

⑨ currently closed　[커뤈//리 + closed의 끝부분(ed)은 '목소리'가 아닌 '바람 소리'로 처리]

⑩ representative　[뢔프뤼ze니리v / 뢔프뤼ze니티v]

⑪ call back　[커얼 배액]

⑫ detailed information about our　[detailed information about our 연속으로 연음]

만점 답변 기술 3 _ 억양 (A, B, and / or C)

You have reached the Digital Dreams Computer School. We offer classes in video game design (→) (A), // computer networking (→) (B), // and information technology (↘) (C). Unfortunately, our offices are currently closed. To speak with a representative, please call back between nine A.M. and six P.M. on any weekday. For detailed information about our courses and schedules, please visit our website.

① A, B는 억양 편한 대로, C는 마지막 부분 억양 쭉! 내려 주기

② A, B, and C 의 쉼표 부분에서 확실히 쉬어 주기 (and 나 or 앞에 쉼표가 없는 경우 포함)

만점 답변 기술 4 _ 장음 / 단음

You have reached the Digital Dreams Computer School. We offer classes in video game design, computer networking, and information technology. Unfortunately, our offices are currently closed. To speak with a representative, please call back between nine A.M. and six P.M. on any weekday. For detailed information about our courses and schedules, please visit our website.

① ■은 짧게, ■은 길~게

🎧 MP3 P1_실전 1

TOEIC Speaking　　　　　**TEST 1**　　　　　

PART 1

Thank you for attending today's presentation on customer satisfaction. Our first speaker, Melissa King has published a new book on using technology to satisfy consumers. Her talk will be focused on recent business trends including internet businesses, new software, and online resources. After the talk, she will take questions from the audience. Please join me in welcoming Ms. King.

PREPARATION TIME	RESPONSE TIME
00:00:45	00:00:45

🎧 MP3 P1_실전 2

TOEIC Speaking　　　　　**TEST 2**　　　　　

Here's your Channel Seven Morning Weather Forecast. Sunny and breezy weather conditions will make it a great weekend for outdoor activities such as picnics, sports and barbecues. Enjoy the great weather while it lasts. Starting from Sunday night, temperatures will drop drastically and by Monday morning, thunderstorms are likely to occur in several areas.

PREPARATION TIME	RESPONSE TIME
00:00:45	00:00:45

TOEIC Speaking   **TEST 3**   VOLUME

Welcome to the Riverside Adventurers Tour of Garden Springs. In just a moment, we'll be arriving at our first stop, the famous Garden Springs Waterfall. You may leave any of your belongings on the bus as we explore the various sites. Please do not hesitate to approach me with questions, observations, or suggestions throughout the tour.

PREPARATION TIME	RESPONSE TIME
00:00:45	00:00:45

TOEIC Speaking   **TEST 4**    VOLUME

Attention Waterfront Office Supplies customers. We have great offers going on in all departments this week. Be sure to check out our special deals on computer chairs, desks, and cabinets. What's more, if you sign up to become a member, you'll receive discount coupons in the mail each month. Come to Waterfront Office Supplies this week and take advantage of the incredible offers!

PREPARATION TIME	RESPONSE TIME
00:00:45	00:00:45

TOEIC Speaking **TEST 5** VOLUME

Now, it's time for the traffic report. Morning commuters should expect delays on Route 50, Third Avenue and Jefferson Bridge. However, the traffic is expected to thin out by 10 A.M. Since major downtown construction is expected to be finished soon, delays should decrease noticeably in the near future.

PREPARATION TIME	RESPONSE TIME
00:00:45	00:00:45

TOEIC Speaking **TEST 6** VOLUME

You have reached the Digital Dreams Computer School. We offer classes in video game design, computer networking, and information technology. Unfortunately, our offices are currently closed. To speak with a representative, please call back between nine A.M. and six P.M. on any weekday. For detailed information about our courses and schedules, please visit our website.

PREPARATION TIME	RESPONSE TIME
00:00:45	00:00:45

Describe a Picture

사진 묘사하기

- 📄 Q3-4, 총 2문제
- ✓ 발음, 억양, 강세,
     문법, 어휘, 일관성 중요
- 🕐 준비 시간 45초
- 🎤 답변 시간 30초

PART 2 소개

※ **실전 시험 노하우**

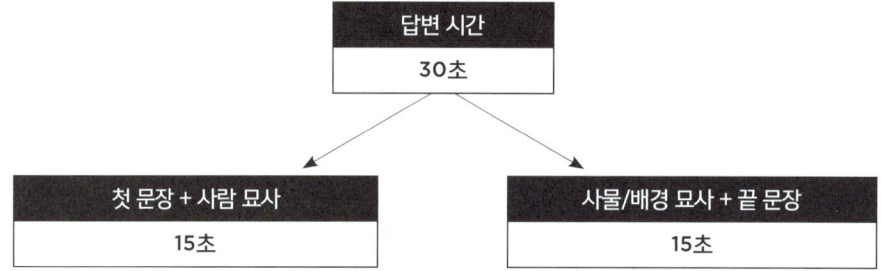

답변 시간
30초

첫 문장 + 사람 묘사	사물/배경 묘사 + 끝 문장
15초	15초

· 30초의 답변 시간이 시작되면 1초쯤 기다렸다 답변을 시작하고, 시간이 끝날 때에는 1초쯤 남겨 두고 답변을 마무리하는 것이 가장 좋습니다.
· 전반부 15초, 후반부 15초를 정확히 맞추지 않아도 됩니다. 특히, 사람(들)이 중심인 사진, 혹은 사물/배경이 중심이 되는 사진일 경우에 시간 배분이 조금 달라지는 것은 자연스러운 현상입니다.
· 사물/배경이 중심이 되는 사진에서는 '사물/배경 묘사' 와 '사람 묘사'의 위치를 바꾸어 묘사해도 좋습니다.

※ **실전 시험 예시**

노트테이킹 / 첫 문장

 만점 답변 기술의 전체 구성

#1 _ 노트테이킹
핵심 표현 필기 연습: 첫 문장 → 사람 묘사 → 사물/배경 묘사 → 끝 문장

#2 _ 첫 문장
이것은 '어디'에서 찍은 사진입니다.

#3 _ 사람 묘사
① 총 인원 (성별 / 직업 / 나이 추가 가능)
② 행동
③ 옷차림
④ 눈에 띄는 사람(들)
➜ ①, ②는 필수 / ③, ④는 선택

#4 _ 사물/배경 묘사
① 사물/배경 1
② 사물/배경 2
③ 사물/배경 3
➜ ①, ②는 필수 / ③은 선택

#5 _ 끝 문장
이 사진은 '어떤 분위기 or 느낌'이에요.

PART 2

1 노트테이킹

#1 _ 노트테이킹
핵심 표현 필기 연습 : 첫 문장 → 사람 묘사 → 사물/배경 묘사 → 끝 문장

· 45초의 준비 시간 동안 핵심 표현 위주로 필기를 해 놓으면 생각을 정리할 수 있기 때문에 답변 시 큰 도움이 됩니다.

· 노트테이킹의 구성은 만점 답변의 구성과 마찬가지로 '첫 문장 → 사람 묘사 → 사물/배경 묘사 → 끝 문장'의 순서입니다.

노트테이킹 구성

핵심 표현

첫 문장	a spacious outdoor market (널찍한 야외 마켓)
사람 묘사	many people (많은 사람들)
	just passing by (그냥 지나감)
	shopping for fruits and vegetables (과일과 야채 쇼핑 중)
사물/배경 묘사	beautiful buildings (아름다운 건물들)
	a white truck (흰색 트럭)
끝 문장	pleasant /having a relaxing time (즐거운 / 편안한 시간 갖는 중)

첫 문장	a small meeting room (작은 회의실)
사람 묘사	3 people; a woman & 2 men (3인; 여1 & 남2)
	having a meeting (회의 중)
	sitting around a rectangular desk (직사각형 테이블에 둘러앉음)
사물/배경 묘사	cups & documents (컵들 & 서류들)
	background = white (배경 = 흰색)
끝 문장	calm / not much movement (차분한 / 활동량 별로 없음)

첫 문장	a spacious park (널찍한 공원)
사람 묘사	2 people (2인)
	standing (서 있음)
	wearing casual clothes (평상복 입고 있음)
사물/배경 묘사	2 benches (벤치 2개)
	trees & bushes (나무들 & 덤불들)
끝 문장	calm / not much movement (차분한 / 활동량 별로 없음)

첫 문장	a spacious office kitchen (널찍한 탕비실)
사람 묘사	3 people; a woman & 2 men (3인; 여1 & 남2)
	standing & drinking something (서 있음 & 무언가를 마시는 중)
	looking at a laptop computer & sitting at a white desk (랩톱 컴퓨터 보는 중 & 흰색 책상에 앉아 있음)
사물/배경 묘사	electronic devices (전자기기들)
	kitchen supplies (주방용품들)
끝 문장	calm / not much movement (차분한 / 활동량 별로 없음)

첫 문장	a spacious crosswalk (널찍한 횡단보도)
사람 묘사	several people (몇몇 사람들)
	crossing the street (길 건너는 중)
	wearing casual clothes (평상복 입고 있음)
사물/배경 묘사	trees & bushes (나무들 & 덤불들)
	tall buildings (높은 건물들)
끝 문장	busy / moving actively (분주한 / 활동적으로 움직임)

2 첫 문장

#2_첫 문장

이것은 '어디'에서 찍은 사진입니다.

★★★
(짧은 버전) This picture was taken at a/an 어디.

(이것은 '어디'에서 찍은 사진입니다.)

★★★★★
(긴 버전) This picture was taken at a place that appears to be a/an 어디.

(이것은 '어디'처럼 보이는 곳에서 찍은 사진입니다.)

추가 문장 · This picture was taken **in front of** a/an 어디. (이것은 '어디' 앞에서 찍은 사진입니다.)

· This picture was taken **inside** a/an 어디. (이것은 '어디' 안에서 찍은 사진입니다.)

· This picture was taken **outside** a/an 어디. (이것은 '어디' 밖에서 찍은 사진입니다.)

💡 '어디'를 꾸며 주는 형용사

· spacious: 넓은 (a spacious conference hall, a spacious park)

· small: 작은 (a small restaurant, a small cafeteria)

· crowded: 붐비는 / 복잡한 (a crowded university campus, a crowded street)

· quiet: 한산한 (a quiet kitchen, a quiet café)

· beautiful: 아름다운 (a beautiful beach, a beautiful park)

· outdoor: 실외의 (an outdoor market, an outdoor café, an outdoor restaurant)

첫 문장 답변 예시

★★★
(짧은 버전)

This picture was taken at <u>a spacious outdoor market</u>.

(이것은 널찍한 야외 마켓에서 찍은 사진입니다.)

★★★★★
(긴 버전)

This picture was taken at a place that appears to be <u>a spacious outdoor market</u>.

(이것은 널찍한 야외 마켓처럼 보이는 곳에서 찍은 사진입니다.)

★★★
(짧은 버전)

This picture was taken at <u>a small meeting room</u>.

(이것은 작은 회의실에서 찍은 사진입니다.)

★★★★★
(긴 버전)

This picture was taken at a place that appears to be <u>a small meeting room</u>.

(이것은 작은 회의실처럼 보이는 곳에서 찍은 사진입니다.)

★★★
(짧은 버전)

This picture was taken at <u>a spacious park</u>.

(이것은 널찍한 공원에서 찍은 사진입니다.)

★★★★★
(긴 버전)

This picture was taken at a place that appears to be <u>a spacious park</u>.

(이것은 널찍한 공원처럼 보이는 곳에서 찍은 사진입니다.)

★★★
(짧은 버전)

This picture was taken at <u>a spacious office kitchen</u>.

(이것은 널찍한 탕비실에서 찍은 사진입니다.)

★★★★★
(긴 버전)

This picture was taken at a place that appears to be <u>a spacious office kitchen</u>.

(이것은 널찍한 탕비실처럼 보이는 곳에서 찍은 사진입니다.)

★★★
(짧은 버전)

This picture was taken at <u>a spacious crosswalk</u>.

(이것은 널찍한 횡단보도에서 찍은 사진입니다.)

★★★★★
(긴 버전)

This picture was taken at a place that appears to be <u>a spacious crosswalk</u>.

(이것은 널찍한 횡단보도처럼 보이는 곳에서 찍은 사진입니다.)

06

PART 2 만점 답변 기술 3
사람 묘사

 만점 답변 기술

3 **사람 묘사**

#3 _ 사람 묘사
① 총 인원 (성별 / 직업 / 나이 추가 가능)

☑ There are 몇 명 in the scene.

· There is one man in the scene. (남자 1명)
· There is one woman in the scene. (여자 1명)
· There are 2 men in the scene. (남자 2명)
· There are 3 women in the scene. (여자 3명)
· There are 2 people in the scene. (사람 2명)
· There are 4 people in the scene. (사람 4명)
· There are several people in the scene. (사람 몇 명)
· There are many (a lot of) people in the scene. (사람 많이)

☑ **사람 2명 이상이라면 성별, 직업, 나이 정보 추가 가능**

· There are 2 men in the scene; one employee and one customer. (직원1, 손님1)
· There are 3 women in the scene; 2 merchants and one customer. (상인2, 손님1)
· There are 2 people in the scene; a man and a woman. (남자1, 여자1)
· There are 4 people in the scene; one adult and 3 children. (성인1, 어린이3)
· There are several people in the scene; 2 women and some men. (여자 2, 남자 몇 명)
· There are many (a lot of) people in the scene.
 (사람이 많은 경우 성별, 직업, 나이 등을 콕 집어서 말할 수 없기 때문에 뒤에 정보 추가 생략 가능)

☑ **사진 속 위치 표현**

사람, 사물/배경 묘사 시 묘사되는 사람이나 사물이 사진 속 어디에 위치해 있는지 명시해 주는 것은 가산점의 요소가 됩니다.

① In the middle (중심부에)
② In the foreground (앞 배경 쪽에)
③ In the background (뒷 배경 쪽에)
④ In the right (오른쪽에)

⑤ In the left (왼쪽에)

→ ①~⑤ 뒤에 of the picture 생략 가능

⑥ Behind the ~ (~ 뒤에)

⑦ In front of the ~ (~ 앞에)

⑧ Next to the ~ (~ 옆에)

⑨ On both sides of the picture (사진의 양쪽에)

⑩ Here and there in the scene (장면 속 여기저기에)

→ 사진 묘사하는 내내 자주 사용할 수밖에 없는 단어가 picture입니다. 똑같은 단어를 자꾸 반복하게 되면 유창성이 부족하게 들릴 수 있으니, 동의어 여러 개를 돌려쓰기 하세요.

picture / photograph / scene / 시험에 출제된 장소 (예 classroom / office / street market / park)

#3 _ 사람 묘사
① 총 인원 (성별 / 직업 / 나이 추가 가능)
② 행동

→ 사람 묘사 시 가장 중요한 요소가 '행동'입니다. 성별, 직업, 나이 혹은 뒤에 나오는 옷차림이나 눈에 띄는 사람(들)은 상황에 따라 넣을 수도 있고 뺄 수도 있지만 '사람(들)의 주요 행동'은 꼭 묘사해야 합니다.

✓ 모든 사람들이 비슷한 행동을 하고 있을 때

· Everyone is 행동ing.

· They are 행동ing.

✓ 몇 명(혹은 1명)은 행동①, 몇 명(혹은 1명)은 행동②를 하고 있을 때

· Some people are 행동①ing and some are 행동②ing.

· Some people are 행동①ing and 2 women are 행동②ing.

· The man is 행동①ing and the woman is 행동②ing.

✓ 대부분의 사람들은 행동①, 소수의 사람(들)은 행동②를 하고 있을 때

· Most of the people are 행동①ing and 1 man is 행동②ing.

· Most of the people are 행동①ing and some are 행동②ing.

✓ 행동 묘사 표현

① walking on ~ (~를 걷고 있다)

예 The man in the right of the picture is <u>walking on</u> the street.

② sitting on ~ (~(위)에 앉아 있다)

예 The woman in the left of the scene is <u>sitting on</u> a chair.

③ sitting at ~ (~에 앉아 있다)

　예 In the background of the scene, 2 women are <u>sitting at</u> a table.

④ sitting around ~ (~에 둘러앉아 있다)

　예 In the foreground of the picture, 4 men are <u>sitting around</u> a desk.

⑤ looking at ~ (~을/를 보고 있다)

　예 She is <u>looking at</u> a computer monitor.

⑥ having a conversation (대화를 하고 있다)

　예 In the center of the scene, some people are <u>having a conversation</u>.

⑦ talking to '누구' ('누구'와/에게 얘기하고 있다)

　예 A man is <u>talking to</u> a female employee.

⑧ discussing something (무언가를 토론하고 있다)

　예 In the middle of the scene, some people are <u>discussing something</u>.

⑨ drinking beverages (음료를 마시고 있다)

　예 Many people are <u>drinking beverages</u> at the café.

⑩ eating something (무언가를 먹고 있다)

　예 A man is <u>eating something</u> at the restaurant.

⑪ just passing by (그냥 지나가고 있다)

　예 In the background of the scene, some people are <u>just passing by</u>.

⑫ having a meeting (회의를 하고 있다)

　예 In the middle of the picture, 4 women are <u>having a meeting</u>.

⑬ talking on his (her) cell-phone (그의 (그녀의) 휴대폰으로 통화 중이다)

　예 The man is <u>talking on his cell-phone</u>.

⑭ talking on the phone (통화 중이다 (집 전화, 휴대폰, 사무실 전화 포함))

　예 In the middle of the scene, a woman is <u>talking on the phone</u>.

⑮ resting (쉬고 있다)

　예 Many people are <u>resting</u> at the park.

⑯ having an enjoyable (relaxing) time (즐거운(편안한) 시간을 보내고 있다)

　예 Everyone is <u>having an enjoyable time</u>.

PART 2

⑰ pointing at ~ (~를 (손가락이나 뾰족한 펜 등으로) 가리키고 있다)

　　(예) In the left of the scene, a woman is <u>pointing at</u> something.

⑱ reaching for ~ (~을/를 꺼내거나 잡으려고 손을 뻗고 있다)

　　(예) In the right of the picture, a man is <u>reaching for</u> a book.

⑲ paying attention to ~ (~에 집중하고 있다)

　　(예) Many students are <u>paying attention to</u> the lecture.

⑳ concentrating on ~ (~에 집중하고 있다)

　　(예) In the left of the picture, a man is <u>concentrating on cooking</u>.

#3 _ 사람 묘사
① 총 인원 (성별 / 직업 / 나이 추가 가능)
② 행동
③ 옷차림

✅ 모든 사람들이 비슷한 옷차림을 하고 있을 때

· Everyone is wearing 옷차림.
· They are wearing 옷차림.

✅ 몇 명(혹은 1명)은 옷차림①, 몇 명(혹은 1명)은 옷차림②를 하고 있을 때

· Some people are wearing 옷차림① and some are wearing 옷차림②.
· Some people are wearing 옷차림① and 2 women are wearing 옷차림②.
· The woman is wearing 옷차림① and the man is wearing 옷차림②.

✅ 대부분의 사람들은 옷차림①, 소수의 사람(들)은 옷차림②를 하고 있을 때

· Most of the people are wearing 옷차림① and 1 man is wearing 옷차림②.
· Most of the people are wearing 옷차림① and some are wearing 옷차림②.

✅ 옷차림 묘사 표현
· 정장
– 한 명이면 a formal suit

　　(예) *In the left of the picture*, a man is wearing <u>a formal suit</u>.
　　　　(사진 속 왼쪽에, 한 남자가 검은색 정장을 입고 있습니다.)

– 두 명 이상이면 formal suits

　　(예) Most of the people are wearing <u>formal suits</u>.
　　　　(대부분의 사람들이 정장을 입고 있습니다.)

· 편한 옷 / 캐주얼 옷차림

– 한 명이건 여러 명이건 casual clothe**s**

 Everyone in the scene is wearing <u>casual clothes</u>.

(장면 속 모든 사람들이 캐주얼한 옷을 입고 있습니다.)

· 캐주얼한 업무 복장

– 한 명이건 여러 명이건 business casual clothes.

 The man in the middle of the picture is wearing <u>business casual clothes</u>.

(사진 중심부의 남자는 캐주얼한 업무 복장을 입고 있습니다.)

#3 _ 사람 묘사
① 총 인원 (성별 / 직업 / 나이 추가 가능)
② 행동
③ 옷차림
④ <u>눈에 띄는 사람(들)</u>
➜ ①, ②는 필수 / ③, ④는 선택

➜ 꼭 조심해야 할 요소!!

'④ 눈에 띄는 사람(들)'에 대해 명시하는 것은 굉장히 좋은 추가 문장이지만, 사람들의 전체적인 '② 행동' 문장이 전반부의 핵심입니다. '④ 눈에 띄는 사람(들)' 표현을 사용할 수 있는 시간을 남기기 위해, '② 행동' 문장을 빼먹는 실수를 하면 안 됩니다.

✅ 눈에 띄는 사람이 여러 명일 때

The people who stand out the most are the girls in the foreground of the picture. They are walking toward the camera.

(이 사진에서 가장 눈에 띄는 사람들은 사진 앞 배경 쪽에 있는 소녀들입니다. 그들은 카메라 쪽으로 걸어오고 있어요.)

✅ 눈에 띄는 사람이 한 명일 때

Someone (The person) who stands out the most is the man in the middle of the picture. He is walking on the street.

(이 사진에서 가장 눈에 띄는 사람은 사진 중심부에 있는 남자입니다. 그는 길을 걷고 있어요.)

사람 묘사 답변 예시

There are many people in the scene. In the background of the photograph, some people are just passing by, and in the middle of the scene, some are shopping for fruits and vegetables.

(장면 속에는 많은 사람들이 있습니다. 사진의 배경에는 몇몇 사람들이 그냥 지나가고 있고, 사진 중심부에는 몇몇 사람들이 과일과 야채를 사고 있습니다.)

There are 3 people in the scene; a woman and 2 men. Everyone in the scene is having a meeting and they are sitting around a rectangular desk.

(장면 속에는 여자 한 명과 남자 두 명, 총 세 명의 사람들이 있습니다. 사진 속 모든 이들은 회의 중이며 직사각형 책상에 둘러앉아 있습니다.)

There are 2 people in the scene. They are standing in the background of the picture. These people are wearing casual clothes.

(장면 속에는 두 명의 사람들이 있습니다. 이들은 사진의 배경 쪽에 서 있습니다. 이 사람들은 편안한 옷차림입니다.)

There are 3 people in the scene; a woman and 2 men. In the middle of the room, one of the men is standing and drinking something. In front of the man, the woman and the other man are looking at a laptop computer while sitting at a white desk.

(장면 속에는 여자 한 명과 남자 두 명, 총 세 명의 사람들이 있습니다. 이 장소의 중심부에 남자 중 한 명이 서서 무언가를 마시고 있습니다. 그 남자 앞에 여자와 다른 남자가 흰색 책상에 앉아서 랩톱 컴퓨터를 보고 있습니다.)

There are several people in the scene. Everyone in the photograph is crossing the street and they are all wearing casual clothes.

(장면 속에는 몇몇 사람들이 있습니다. 사진 속 모든 사람들은 길을 건너는 중이며 그들은 모두 편한 옷을 입고 있습니다.)

PART 2 만점 답변 기술 4

사물/배경 묘사

 만점 답변 기술

4 사물/배경 묘사

> **#4 _ 사물/배경 묘사**
> ① 사물/배경 1
> ② 사물/배경 2
> ③ 사물/배경 3
> ➡ ①, ②는 필수 / ③은 선택

➡ 사물/배경 묘사는 템플릿을 숙지하면 꽤 쉽게 할 수 있습니다.

➡ 사물/배경 묘사는 해당 사물/배경의 사진 속 중요도 + 남는 시간에 따라 2~3개의 요소 정도가 적합합니다.

✅ **고득점 템플릿**

① 사진 속 위치 묘사: there is(are) 사물/배경 1.

② Next to / In front of / Behind 사물/배경 1, I see 사물/배경 2. (사물/배경 2가 사물/배경 1과 위치적 관련이 없을 때, 사물/배경 2의 사진 속 위치 다시 명시)

③ Next to / In front of / Behind 사물/배경 2, I can also see 사물/배경 3. (사물/배경 3이 사물/배경 2와 위치적 관련이 없을 때, 사물/배경 3의 사진 속 위치 다시 명시)

사물/배경 묘사 답변 예시

Behind the people, there are many beautiful buildings. In the right of the picture, I can also see a white truck.

(이 사람들 뒤에 아름다운 건물들이 많이 있습니다. 사진의 오른쪽에는 흰색 트럭도 한 대 보입니다.)

On the desk, I see some cups and documents. <u>The background is white, but other than that there is nothing else going on.</u>

(책상 위에 컵들과 서류들이 보입니다. 배경은 흰색인데 그것 외에는 별다른 것이 없습니다.)

→ 시험을 보는 도중에 굉장히 당황스러운 경우 중 하나가 배경에 그림이나, 화분, 창문 등 사물이 하나도 없을 때입니다. 그럴 때 사용하면 참! 좋은 문장은 <u>The background is white, but other than that there is nothing else going on.</u> (배경은 흰색인데, 그것 이외에는 아무것도 없어요.)입니다. (주어진 사진마다 배경 색이 다를 수 있으니 색깔 단어만 바꿔서 사용하세요!)

In the left of the picture, there are 2 benches. In the background, I see some trees and bushes that are full of green leaves.

(사진의 왼쪽에는 두 개의 벤치가 있습니다. 배경에는 푸른 잎이 무성한 나무들과 덤불들이 보입니다.)

On the desk, I see some electronic devices. In the background of the room, there are many kinds of kitchen supplies.

(책상 위에는 몇 개의 전자기기들이 보입니다. 이 공간의 배경에는 많은 종류의 주방 용품들이 있습니다.)

In the background of the picture, there are many trees and bushes that are full of green leaves. Behind the trees and bushes, I see many tall buildings with a lot of windows.

(사진의 배경에는 푸른 잎이 무성한 많은 나무들과 덤불들이 있습니다. 나무와 덤불들 뒤쪽으로 창문이 많은 여러 채의 높은 건물들이 보입니다.)

✅ 추가 표현 + 추가 문장

➡ 토익 스피킹 시험 PAPT 2에서 역사상 가장 많이 나온 대표적 사물은 '나무'와 '빌딩'입니다.
아래 문장의 밑줄 부분은 '나무'나 '빌딩' 출제 시 주로 추가할 수 있는 표현입니다.

① 나무 출제 시

> 예 In the background of the scene, there are many **trees** that are full of green leaves.
> (장면의 배경에, 푸른 잎이 무성한 나무들이 많이 있습니다.)

② 빌딩 출제 시

> 예 In the background of the scene, I see several **buildings** with many windows.
> (장면의 배경에, 창문이 많은 빌딩들이 여러 개 보입니다.)

➡ 밖에서 찍은 사진의 '날씨' / 안에서 찍은 사진의 '조명'

① 날씨

> 예 By looking at the way these people are dressed, this picture was probably taken on a hot day. (사람들의 복장으로 미루어 보았을 때, 이 사진은 아마도 더운 날 찍은 것으로 보입니다.)
> (hot – 더운 / warm – 따뜻한 / cold – 추운 / chilly – 쌀쌀한 / spring – 봄 / summer – 여름 / fall – 가을 / winter – 겨울)

→ 날씨 문장의 최고 장점 1: 날씨 단어만 상황에 맞게 바꾸면 밖에서 찍은 사진에서 100% 사용 가능함.

→ 날씨 문장의 최고 장점 2: 사진 묘사의 '첫 문장'을 제외하면 30초 답변 속 전반부, 후반부, 끝 문장 어디에 넣어도 자연스러움.

② 조명

– 조명이 밝을 때: 예 This place is brightly lit by many lights in the ceiling.
(천장에 있는 많은 조명들이 이곳을 밝게 비추고 있습니다.)

– 조명이 은은할 때: 예 This restaurant is dimly lit by a small light hanging from the ceiling.
(천장에 매달린 작은 조명 하나가 식당을 흐릿하게 비추고 있습니다.)

만점 답변 기술

5 끝 문장

> **#5 _ 끝 문장**
> 이 사진은 '어떤 분위기 or 느낌'이에요.

① 사람들이 활발히 활동하는 사진

 예 Overall, this picture gives out a busy feeling because everyone in the scene is moving actively. (전체적으로, 사람들이 활동적으로 움직이고 있어서 이 사진은 분주한 느낌을 줍니다.)

② 사람들의 움직임이 적은 사진

 예 Overall, this picture gives out a calm feeling because there is not much movement in the scene. (전체적으로, 장면 속 활동량이 많지 않아서 이 사진은 차분한 느낌을 줍니다.)

 ➡ 이 문장은 활동량이 아예 없는 사진에서만 사용할 수 있는 문장이 아닙니다. 'not much'는 '많지 않은'이라는 뜻이지요. 활동량이 거의 없는 사진부터 조금 있는 사진, 역동적인 움직임이 있는 사진이 아니라면 다 어울릴 수 있는 문장입니다.

③ 행복한/즐거운/편안한 분위기의 사진

 예 Overall, this picture gives out a happy / pleasant / comfortable feeling because everyone in the scene is having a great / an enjoyable / a relaxing time.
 (전체적으로, 사람들이 정말 좋은/즐거운/느긋한 시간을 갖고 있어서 이 사진은 행복한/기분 좋은/편안한 느낌을 줍니다.)

④ 진지한 분위기의 사진

 예 Overall, this picture gives out a serious feeling because everyone in the scene

  1. has a stern look on their faces.

  2. is concentrating on what they're doing.
  (전체적으로, 사람들이 1. 굳은 표정/무표정이어서 2. 본인이 하고 있는 것에 집중하고 있어서 이 사진은 진지한 느낌을 줍니다.)

 ➡ 끝 문장에 'everyone in the scene is~' 부분이 안 어울리는 경우가 있습니다. 다들 웃으며 즐거워 보이는데 딱 한 명이 굳어 있는 표정이거나 다들 역동적으로 움직이고 있는데 딱 두 명이 가만히 있을 때는 'everyone in the scene is~'를 'most of the people in the scene are~'로 바꿔 주세요.

끝 문장 답변 예시

Overall, this picture gives out a pleasant feeling because everyone in the scene is having a relaxing time.
(모든 사람들이 편안한 시간을 보내고 있어서 전반적으로 이 사진은 즐거운 느낌을 줍니다.)

Overall, this picture gives out a calm feeling because there is not much movement in the scene.
(장면 속에 활동량이 많지 않아서 전반적으로 이 사진은 차분한 느낌을 줍니다.)

Overall, this picture gives out a calm feeling because there is not much movement in the scene.
(장면 속에 활동량이 많지 않아서 전반적으로 이 사진은 차분한 느낌을 줍니다.)

Overall, this picture gives out a calm feeling because there is not much movement in the scene.
(장면 속에 활동량이 많지 않아서 전반적으로 이 사진은 차분한 느낌을 줍니다.)

Overall, this picture gives out a busy feeling because most of the people in the scene are moving actively.
(장면 속 대부분의 사람들이 활동적으로 움직이고 있어서 전반적으로 이 사진은 분주한 느낌을 줍니다.)

PART 2

PREPARATION TIME
00:00:45

RESPONSE TIME
00:00:30

■ **만점 답변 기술 1 _ 노트테이킹** (준비 시간: 45초)

a spacious outdoor market

many people / just passing by / shopping for fruits and vegetables

beautiful buildings / a white truck

pleasant / having a relaxing time

■ **만점 답변 기술 2_ 첫 문장**(전체 답변 시간: 30초)

· This picture was taken at a spacious outdoor market. (짧은 버전)

· This picture was taken at a place that appears to be a spacious outdoor market. (긴 버전)

■ **만점 답변 기술 3_ 사람 묘사**

· There are many people in the scene.

· In the background of the photograph, some people are just passing by,

· and in the middle of the scene some are shopping for fruits and vegetables.

■ **만점 답변 기술 4_ 사물/배경 묘사**

· Behind the people, there are many beautiful buildings.

· In the right of the picture, I can also see a white truck.

■ **만점 답변 기술 5_ 끝 문장**

· Overall, this picture gives out a pleasant feeling because everyone in the scene is having a relaxing time.

🎧 MP3 P2_답변 1 — (해석: 해설집 p. 6 참고)

PREPARATION TIME
00:00:45

RESPONSE TIME
00:00:30

PART 2

만점 답변 기술 1 _ 노트테이킹 (준비 시간: 45초)

a small meeting room
3 people; a woman & 2 men / having a meeting / sitting around a rectangular desk
cups & documents / background = white
calm / not much movement

만점 답변 기술 2_ 첫 문장 (전체 답변 시간: 30초)

· This picture was taken at a small meeting room. (짧은 버전)
· This picture was taken at a place that appears to be a small meeting room. (긴 버전)

만점 답변 기술 3_ 사람 묘사

· There are 3 people in the scene; a woman and 2 men.
· Everyone in the scene is having a meeting and they are sitting around a rectangular desk.

만점 답변 기술 4_ 사물/배경 묘사

· On the desk, I see some cups and documents.
· The background is white, but other than that there is nothing else going on.

만점 답변 기술 5_ 끝 문장

· Overall, this picture gives out a calm feeling because there is not much movement in the scene.

🎧 **MP3 P2_답변 2 —** (해석: 해설집 p. 7 참고)

PREPARATION TIME	RESPONSE TIME
00:00:45	00:00:30

■ 만점 답변 기술 1 _ 노트테이킹 (준비 시간: 45초)

a spacious park

2 people / standing / wearing casual clothes

2 benches / trees & bushes

calm / not much movement

■ 만점 답변 기술 2_ 첫 문장 (전체 답변 시간: 30초)

· This picture was taken at a spacious park. (짧은 버전)

· This picture was taken at a place that appears to be a spacious park. (긴 버전)

■ 만점 답변 기술 3_ 사람 묘사

· There are 2 people in the scene.

· They are standing in the background of the picture.

· These people are wearing casual clothes.

■ 만점 답변 기술 4_ 사물/배경 묘사

· In the left of the picture, there are 2 benches.

· In the background, I see some trees and bushes that are full of green leaves.

■ 만점 답변 기술 5_ 끝 문장

· Overall, this picture gives out a calm feeling because there is not much movement in the scene.

🎧 **MP3 P2_답변 3** — (해석: 해설집 p. 8 참고)

PREPARATION TIME	RESPONSE TIME
00:00:45	00:00:30

■ 만점 답변 기술 1 _ 노트테이킹 (준비 시간: 45초)

a spacious office kitchen

3 people; a woman & 2 men / standing & drinking something / looking at a laptop computer & sitting at a white desk

electronic devices /kitchen supplies

calm / not much movement

■ 만점 답변 기술 2_ 첫 문장 (전체 답변 시간: 30초)

· This picture was taken at a spacious office kitchen. (짧은 버전)

· This picture was taken at a place that appears to be a spacious office kitchen. (긴 버전)

■ 만점 답변 기술 3_ 사람 묘사

· There are 3 people in the scene; a woman and 2 men.

· In the middle of the room, one of the men is standing and drinking something.

· In front of the man, the woman and the other man are looking at a laptop computer while sitting at a white desk.

■ 만점 답변 기술 4_ 사물/배경 묘사

· On the desk, I see some electronic devices.

· In the background of the room, there are many kinds of kitchen supplies.

■ 만점 답변 기술 5_ 끝 문장

· Overall, this picture gives out a calm feeling because there is not much movement in the scene.

🎧 MP3 P2_답변 4 — (해석: 해설집 p. 9 참고)

PREPARATION TIME	RESPONSE TIME
00:00:45	00:00:30

■ 만점 답변 기술 1 _ 노트테이킹 (준비 시간: 45초)

a spacious crosswalk

several people / crossing the street / wearing casual clothes

trees & bushes / tall buildings

busy / moving actively

■ 만점 답변 기술 2_ 첫 문장 (전체 답변 시간: 30초)

· This picture was taken at a spacious crosswalk. (짧은 버전)

· This picture was taken at a place that appears to be a spacious crosswalk. (긴 버전)

■ 만점 답변 기술 3_ 사람 묘사

· There are several people in the scene.

· Everyone in the photograph is crossing the street and they are all wearing casual clothes.

■ 만점 답변 기술 4_ 사물/배경 묘사

· In the background of the picture, there are many trees and bushes that are full of green leaves.

· Behind the trees and bushes, I see many tall buildings with a lot of windows.

■ 만점 답변 기술 5_ 끝 문장

· Overall, this picture gives out a busy feeling because most of the people in the scene are moving actively.

🎧 MP3 P2 _ 답변 5 — (해석: 해설집 p. 10 참고)

PART 2 실전 연습

해설집 만점 답변 및 해석 p.6~10

🎧MP3 P2_실전 1

노트테이킹

TEST 2

VOLUME

PREPARATION TIME	RESPONSE TIME
00:00:45	00:00:30

노트테이킹

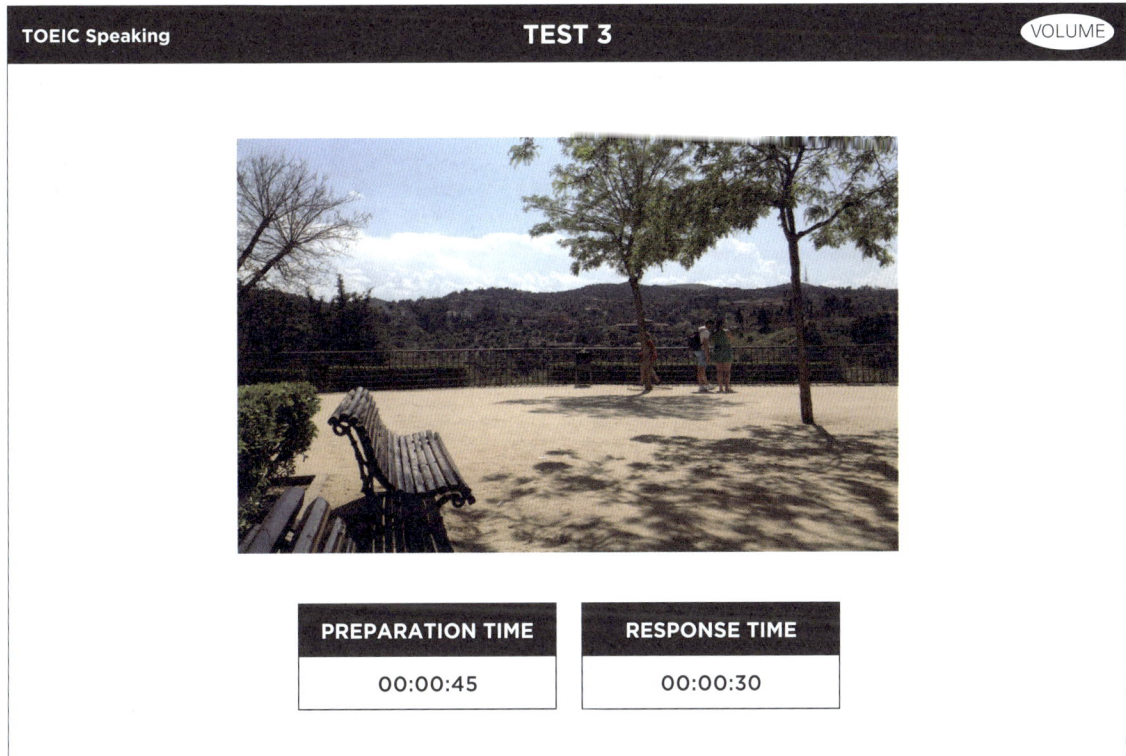

노트테이킹

TEST 4

VOLUME

PREPARATION TIME	RESPONSE TIME
00:00:45	00:00:30

노트테이킹

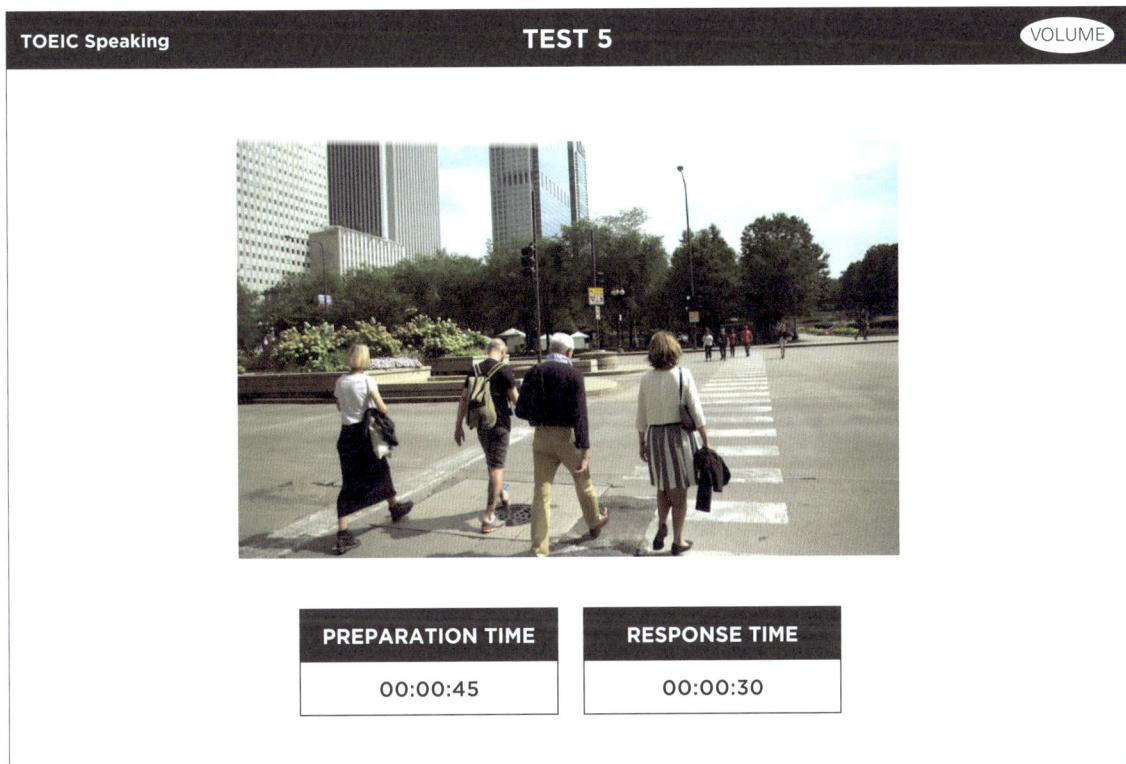

PART 2

노트테이킹

Respond to Questions

질문에 답하기

📝 Q5-7, 총 3문제

☑ 발음, 억양, 강세, 문법,
　어휘, 일관성, 완성도 중요

🕐 문항별 준비 시간 3초

🎤 답변 시간 15/15/30초

PART 3 소개

☀ 실전 시험 노하우

· PART 3는 준비 시간이 짧아 순발력을 요구하므로, 정직한 답변을 생각하느라 시간을 허비하지 마세요. 질문에 적절한 답변이면 충분합니다.
· 각 문항당 3초씩 주어지는 답변 준비 시간에 무리한 필기는 오히려 독이 됩니다. 필기는 생략하거나 최소화하세요.
· 질문은 답변 시간이 끝날 때까지 화면에서 사라지지 않습니다. 화면에 제시된 질문을 답변에 최대한 활용하세요.
· 답변 시간이 시작되면 1초 지나고 말하기 시작!

☀ 실전 시험 예시

| TOEIC Speaking | Question 5-7 of 11 | VOLUME |

Imagine that a local company is planning to open a new shopping center in your area. You have agreed to participate in a telephone interview about eating at shopping centers.

Q5. When was the last time you ate something in a shopping center? And what did you eat?

PREPARATION TIME	RESPONSE TIME
00:00:03	00:00:15

Q6. Would you make time to visit a shopping center just to eat at a restaurant there? Why or why not?

PREPARATION TIME	RESPONSE TIME
00:00:03	00:00:15

Q7. Which of the following do you think would be most popular at a shopping center in your area? Why?
A movie theater
A fast food restaurant
A coffee shop

PREPARATION TIME	RESPONSE TIME
00:00:03	00:00:30

만점 답변 기술

1 질문 유형 파악

1. 의문대명사 의문문

① When으로 시작하는 질문

(당신은 새 신발을 마지막으로 구매한 것이 언제였나요?)

질문 예시 　When was the last time you purchased a new pair of shoes?

모범 답변 　The last time I purchased a new pair of shoes was yesterday.

(제가 새 신발을 마지막으로 구매한 것은 어제였습니다.)

만능 답변 Keyword
· this morning – 오늘 아침에
· yesterday – 어제
· about ~ week(s) / month(s) / year(s) ago – 대략 ~주 / ~개월 / ~년 전에
· in the morning / in the afternoon / at night – 오전에 / 오후에 / 밤에

② Where로 시작하는 질문

(당신은 친구와 재미있는 무언가를 하고 싶을 때 주로 어디에 가세요?)

질문 예시 　Where do you usually go when you want to do something fun with your friends?

모범 답변 　When I want to do something fun with my friends, I usually go to a club.

(저는 친구와 재미있는 무언가를 하고 싶을 때 주로 클럽에 갑니다.)

만능 답변 Keyword
· through the Internet / on the Internet – 인터넷으로 / 인터넷상에서
· (to) the department store / the grocery store – 백화점 / 식료품점
· (to) my room / park / 그 외 장소 – 내 방 / 공원 etc.

③ What으로 시작하는 질문

(당신이 가장 좋아하는 음악의 종류는 무엇인가요?)

질문 예시 What is your favorite type of music?

모범 답변 My favorite type of music is rock.

(제가 가장 좋아하는 음악의 종류는 rock입니다.)

만능 답변 Keyword

· 질문과 관련 있는 특정한 'Something(무언가)' → 명사

What과 동일한 역할을 하는 질문

· Can you tell me _____?

· Tell me _____.

· Describe _____.

위 질문들은 what으로 간주하면 되므로

- What is your favorite movie? (당신이 가장 좋아하는 영화는 무엇인가요?)

- Can you tell me about your favorite movie? (당신이 가장 좋아하는 영화에 대해 말해 주시겠어요?)

- Tell me about your favorite movie. (당신이 가장 좋아하는 영화에 대해 말해 주세요.)

- Describe your favorite movie. (당신이 가장 좋아하는 영화를 묘사해 보세요.)

이 모든 질문 / 요청에 대한 답변은 My favorite movie is _____로 시작하세요.

---

④ How often으로 시작하는 질문

(당신은 얼마나 자주 머리를 자르나요?)

질문 예시 How often do you get a haircut?

모범 답변 I get a haircut once or twice a month.

(저는 한 달에 한두 번 머리를 자릅니다.)

만능 답변 Keyword

· almost every day – 거의 매일

· once (or twice) a week / month / year – 1주 / 한 달 / 1년에 한 번(혹은 두 번)

· on weekends – 주말마다

⑤ Who로 시작하는 질문

(당신이 음악 콘서트에 갈 때, 누가 주로 함께 가나요?)

질문 예시 When you go to a musical concert, who usually goes with you?

모범 답변 When I go to a musical concert, my best friend usually goes with me.

(제가 음악 콘서트에 갈 때, 제 가장 친한 친구가 주로 함께 갑니다.)

만능 답변 Keyword
- (with) Jane / David 등 사람 이름 – Jane / David (과 함께)
- (with) my sister – 내 여동생 / 언니 / 누나 (와 함께)
- (with) my best friend – 나의 가장 친한 친구 (와 함께)

2. How + adjective(형용사) 의문문

① How long – 시간 / 기간

(당신은 현재 살고 있는 주택이나 아파트에 얼마나 오래 거주하고 계신가요?)

질문 예시 How long have you lived in your current house or apartment?

모범 답변 I have lived in my current apartment for about 6 months.

(제가 현재 살고 있는 아파트에 6개월 정도 거주하고 있습니다.)

만능 답변 Keyword
- (for) thirty minutes – 30분 (동안)
- (for) six months – 6개월 (동안)
- (for) 10 years – 10년 (동안)

② How much – 시간 / 기간 / 가격

(당신은 매일 어느 정도의 시간을 요리하는 데 쓰시나요?)

질문 예시 How much time do you usually spend cooking everyday?

모범 답변 I usually spend about two hours cooking everyday.

(저는 매일 2시간 정도를 요리하는 데 씁니다.)

만능 답변 Keyword
- fifty dollars – 50달러
- ten minutes – 10분
- two hours – 2시간

PART 3

③ How many – 시간 / 개수

(당신은 몇 명의 형제자매가 있나요?)

질문 예시 How many brothers and sisters do you have?

모범 답변 I have two older brothers and one younger sister.

(저는 형 두 명과 여동생 한 명이 있습니다.)

만능 답변 Keyword

· thirty minutes – 30분

· three hours – 3시간

· one / two – 하나 / 둘

3. 일반 의문문

① Do you think ~? / Do you like ~? / Would you ~?

(당신은 인터넷이 영화에 대한 정보를 얻기에 좋은 방법이라고 생각하나요?)

질문 예시 Do you think the Internet is a good way to get information about movies?

모범 답변 Yes, I think the Internet is a good way to get information about movies.

(네, 저는 인터넷이 영화에 대한 정보를 얻기에 좋은 방법이라고 생각합니다.)

만능 답변 Keyword

· Yes or No, I think ~. / I like ~. / I would ~.

4. 양자 택일

① Do you prefer A or B? / Would you rather A or B? / Do you think A or B?

(당신은 요즘 식당들의 퀄리티가 예전에 비해 더 좋다고 생각하나요, 더 안 좋다고 생각하나요?)

질문 예시 Do you think the quality of restaurants nowadays is better or worse than it was in the past?

모범 답변 I think the quality of restaurants nowadays is better than it was in the past.

(저는 요즘 식당들의 퀄리티가 예전에 비해 더 좋다고 생각합니다.)

만능 답변 Keyword

· I prefer A. / I would rather A. / I think B.

만점 답변 기술

2 Q5, Q6 가산점을 받을 수 있는 추가 문장 만들기

질문 예시   Do you think the Internet is a good way to get information about movies?

모범 답변   Yes, I think the Internet is a good way to get information about movies. +추가 문장

15초의 시간 동안 답변의 퀄리티를 한층 향상시켜 주는 추가 문장 만들기

1. 해당 시험에 출제되지 않은 질문의 답변을 사용하세요.

→ Do you think the Internet is a good way to get information about movies?

이 질문은 '네 / 아니요' 질문입니다. 해당 문항에 나오지 않은 다른 질문들을 생각해 보면 when / who / how often 등 너무나 많지요? 이 중 하나를 선택하여 '추가 문장'으로 사용해 보세요.

질문 예시   Do you think the Internet is a good way to get information about movies?
(당신은 인터넷이 영화에 대한 정보를 얻을 수 있는 좋은 방법이라고 생각하나요?)

모범 답변   Yes, I think the Internet is a good way to get information about movies. I use the Internet to get information about movies almost everyday.
(네, 저는 인터넷이 영화에 대한 정보를 얻을 수 있는 좋은 방법이라고 생각합니다. 저는 영화에 대한 정보를 얻기 위해 거의 매일 인터넷을 사용해요.)

2. 문항에 질문이 하나이면 추가 문장 2개, 질문이 두 개이면 추가 문장 1개 추가하세요.

질문 예시   How often do you go shopping?
(당신은 얼마나 자주 쇼핑을 가나요?)

모범 답변   I go shopping once or twice a month. I usually go with my best friend. There is a great department store only 5 minutes away from where I live.
(저는 한 달에 한두 번 쇼핑을 갑니다. 주로 제일 친한 친구와 함께 가요. 제가 사는 곳에서 5분 거리에 굉장히 좋은 백화점이 있어요.)

질문 예시   How often do you go shopping and who do you usually go with?
(당신은 얼마나 자주 쇼핑을 가며 주로 누구와 가나요?)

모범 답변   I go shopping once or twice a month and I usually go with my best friend. The last time I went shopping was 2 days ago.
(저는 한 달에 한두 번 쇼핑을 가며 주로 제일 친한 친구와 함께 가요. 가장 최근에 쇼핑을 간 것은 이틀 전입니다.)

Q7 30초 답변 템플릿

PART 3 문제로는 설문조사 유형과 지인과의 대화 유형 두 가지 유형이 주로 출제됩니다. 영어에는 반말, 존댓말의 구분이 없기 때문에 두 가지 유형 모두 동일한 형식의 답변 기술을 사용할 수 있으며, 문제에서 다루는 주제나 질문 형식도 큰 차이가 없습니다.

✅ 30초 답변을 요구하는 Q7에서는 기본 틀을 잘 잡아 놓는 것이 중요합니다. 체계적인 답변 구성은 좋은 점수를 받는 데 중요한 역할을 합니다. 아래 틀을 참고하세요.

> 1. 서론: 여러 가지 이유로 ~라고 생각한다.
>
> 2. 본론(이유 1): 첫 번째 이유는 ~이다.
>
> 3. 본론(이유 2): 두 번째 이유는 ~이다.
>
> 4. 결론: 그러므로 이것들이 ~라고 생각하는 주된 이유이다

✅ 지인과의 대화 유형이 출제되면 자연스러운 대화체를 만들어 주는 표현들을 사용해도 좋습니다. 이런 표현들이 필수는 아니지만, 아이디어나 영작에 대한 고민 없이도 답변 시간을 조금이나마 채워 준다는 장점이 있습니다.

> Well. / Hmm. (음. / 흠.)
>
> Well, let me see. / Well, let me think. (글쎄. 어디 보자)
>
> Let's go together this weekend! (이번 주말에 같이 가자!)
>
> We should try this together sometime. (언제 한번 같이 시도해 보자.)

Q7 30초 답변 템플릿 예시 1

Q7. Do you think it's a good idea to travel with a group of people? Why or why not?
(많은 사람들과 함께 여행하는 것이 좋은 아이디어라고 생각하십니까?)

A7. 서론　　Yes, I think it's a good idea to travel with a group of people <u>for several reasons</u>.

(네, 여러 가지 이유로 저는 많은 사람들과 함께 여행하는 것이 좋은 아이디어라고 생각해요.)

본론　　<u>First of all</u>, it is safer than traveling alone.
(이유 1)　(첫 번째 이유는, 혼자 여행하는 것보다 안전하고요.)

본론　　<u>Also</u>, it's more fun to travel in a group because people can talk to one another
(이유 2)　and share useful information.

(또한, 서로 대화도 하고 정보 공유도 할 수 있으니 더욱 즐겁잖아요.)

결론　　<u>So, these are the main reasons why</u> I think it's a good idea to travel with a group
　　　　of people.

(이런 이유들로 저는 많은 사람들과 함께 여행하는 것이 좋은 아이디어라고 생각해요.)

✅ 위 만점 템플릿의 밑줄 부분은 대부분의 Q7 답변에 사용될 수 있습니다. 각 밑줄에 한 번씩 들어가는 reasons는 복수명사이므로 단어 끝에 s를 꼭 넣어야 합니다.

Q7 30초 답변 템플릿 예시 2

> **Q7.** What are the main advantages of buying products online?
>
> (온라인으로 제품을 구매하는 것의 장점은 어떤 것들이 있나요?)
>
> **A7.** 서론   There are several advantages of buying products online.
>
> (온라인으로 제품을 구매하는 것에는 여러 개의 장점이 있습니다.)
>
> 본론   First of all, it is convenient because I don't have to worry about walking back
> (이유 1)   and forth.
>
> (첫째, 왔다갔다 하는 것에 대해 걱정 안 해도 되고요.)
>
> 본론   Also, I can look at many items and compare.
> (이유 2)   (또한, 많은 제품들을 보고 비교할 수 있습니다.)
>
> 결론   So, these are the main advantages of buying products online.
>
> (이것이 온라인으로 제품을 구매하는 것의 주요 장점들입니다).

✅ 'advantages (장점), disadvantages (단점), factors/aspects (요소), ways (방법)' 이라는 단어가 질문 안에 들어가 있는 경우에는 답변의 첫 문장과 마지막 문장에 reasons가 들어가지 않습니다. 만일 첫 문장을 'There are several advantages of buying products online for several reasons.'라고 하면, '여러 가지 이유로 온라인으로 제품을 구매하는 것에는 여러 가지 장점이 있습니다.'라는 애매한 의미가 됩니다.

마지막 문장에서도 'So, these are the main reasons of buying products online. (이것이 온라인으로 제품을 구매하는 것의 주요 이유들입니다.)'라고 하면 약간 엇나간 듯한 문장이 됩니다. 장점을 물어본 질문이지 장점이 있는 이유를 물어본 것이 아니기 때문입니다.

12 필수 표현 활용하기

📖 만점 답변 기술

4 PART 3와 PART 5에 꼭! 필요한 필수 표현 활용하기

1. 돌려쓰기 표현

① 시간/흥미/취미/관심사 관련 문제 출제 시 돌려쓰기 표현

- ✅ 시간/흥미/취미/관심이 없는 경우

  → I am very busy at work these days. I have a lot of new projects at work.
  (요즘 회사가 엄청 바빠요. 새로운 프로젝트가 많거든요.)

  → Personally, I'm not very interested in _____. (개인적으로 _____에 관심이 별로 없어요.)

  → There are no _____s near where I live. (제가 사는 곳 가까이에는 _____가 없어요.)

- ✅ 시간/흥미/취미/관심이 있는 경우

  → Personally, I'm very interested in _____. (개인적으로 _____에 관심이 많아요.)

  → _____ is one of my favorite hobbies. (_____는 제가 가장 좋아하는 취미 중 하나입니다.)

  → _____ always enhances my mood. (_____는 언제나 제 기분을 향상시켜 줍니다)

  → _____ always relieves my stress. (_____는 언제나 제 스트레스를 풀어 줍니다.)

  → Personally, I have a lot of free time these days. (개인적으로 요즘 남는 시간이 많아요.)

  → There is a great _____ near where I live / only 5 minutes away from where I live.
  (우리 집 가까이 / 우리 집에서 5분 거리에 굉장히 좋은 _____이 있어요.)

② 실내 or 실외 관련 문제 출제 시 돌려쓰기 표현

- ✅ 실내

  → I don't have to worry about bad weather / walking back and forth / wasting time / setting up a place to meet.
  (안 좋은 날씨 / 왔다 갔다 걷는 것 / 시간 낭비하는 것 / 만날 장소 정하는 것에 대해 걱정하지 않아도 됩니다.)

  → Personally, I can concentrate much better when I'm inside.
  (개인적으로 실내에 있을 때 집중이 더 잘돼요.)

- ✅ 실외

  → I can get fresh air while S + V. (예 I enjoy the concert)
  (_____를 하는 동안 신선한 공기를 즐길 수 있습니다.)

→ Personally, I can concentrate much better when I'm <u>outside</u>.
(개인적으로, <u>실외</u>에 있을 때 집중이 더 잘돼요.)

③ '혼자' or '함께' 관련 문제 출제 시 돌려쓰기 표현

✅ 혼자

→ I can concentrate much better when I _____ (🔵 <u>have my own office</u>.)
(_____하면 집중이 훨씬 잘돼요.)

→ Managing 누구's (my / your / their / one's) time becomes easier. (So, 누구 would be able to start, finish or take a break whenever 누구 (I / you / he / she / they) want(s).
('누구'의 시간을 관리하는 것이 더 쉬워집니다. (그래서, '누구'는 자기가 원할 때 시작하고, 끝내고, 휴식할 수 있습니다.))

→ Personally, I am an introverted person. {I feel more comfortable when I am by myself.}
(개인적으로, 저는 내성적인 사람입니다. {혼자 있을 때 더 편안함을 느껴요.})

✅ 함께

→ 누구 and I can share useful information about _____.
('누구'와 저는 _____에 관한 유용한 정보를 공유할 수 있어요.)

→ If I have questions about something, I can ask 누구.
(무언가에 대해 질문이 있다면 '누구'에게 물어볼 수 있습니다.)

→ Spending time with other people is more fun than being alone.
(혼자 있는 것보다 다른 사람들과 함께 시간을 보내는 것이 더 즐겁습니다.)

→ Personally, I am an extroverted person. {I feel more comfortable when I'm with people.}
(개인적으로, 저는 외향적인 사람이에요. {사람들과 함께일 때 더 편안함을 느껴요.})

④ 서비스나 시스템 향상 여부 관련 문제 출제 시 돌려쓰기 표현

✅ 향상 필요 없어요

→ There are many _____s in my area already. (이미 우리 동네에는 이미_____가 많아요.)

→ People in my area are not very interested in _____(s).
(우리 지역 주민들은 _____에 관심이 별로 없어요.)

✅ 향상 필요해요

→ There are not many _____s in my area. (우리 동네에는 _____가 많지 않아요.)

→ People in my area are very interested in _____(s). (우리 지역 주민들은 _____ 에 관심이 많아요.)

→ 업체 / 기관 / they / it should lower the price. (업체/기관/그들은/그것은 가격을 인하해야 합니다.)

→ 업체 / 기관 / they / it should provide <u>great customer service / a good warranty / various options</u>. (업체/기관/그들은/그것은 <u>좋은 CS / 좋은 AS / 다양한 옵션</u>을 제공해야 합니다.)

PART 3

→ 필수 표현들은 시험에 굉장히 자주 사용할 수 있는 표현들이지만 시험 문제 100%가 이 표현들만으로 해결되진 않습니다. 나만의 문장을 만들어 보는 연습도 필수입니다. 준비 시간이 워낙 짧은 파트이므로 어려운 문장을 생각하고 영작하다가 오히려 잦은 실수가 나올 수 있으므로 간단하더라도 실수가 없는 문장 위주로 연습하는 것이 더욱 효율적인 공부 방법입니다.

2. 정확한 의사 전달을 위한 말투

· 주어 can 동사. ('주어'는 '동사'할 수 있다.)
· 주어 should 동사. ('주어'는 '동사'해야 한다.)
· 주어 (would) has/have to 동사. ('주어'는 '동사'해야 한다 (해야만 할 것이다).)
· 주어 (would) need/needs to 동사. ('주어'는 '동사'해야 할 필요가 있다 (해야 할 필요가 있을 것이다).)
· 주어 (would) want/wants to 동사. ('주어'는 '동사'하고 싶어 한다. (하고 싶어 할 것이다))
· 주어 would be able to 동사. ('주어'는 '동사'할 수 있을 것이다.)

· 주어 can be 형용사. ('주어'는 '형용사'일 수 있다.)
· 주어 should be 형용사. ('주어'는 '형용사'여야 한다.)
· 주어 (would) has/have to be 형용사. ('주어'는 '형용사'여야 한다(여야만 할 것이다).)
· 주어 (would) need/needs to be 형용사. ('주어'는 '형용사'여야 할 필요가 있다(해야 할 필요가 있을 것이다).)
· 주어 (would) want/wants to be 형용사. ('주어'는 '형용사'이고 싶어 한다(이고 싶어 할 것이다).)
· 주어 would be able to be 형용사. ('주어'는 '형용사'일 수 있을 것이다.)
· 주어 is/are (usually/very/always) 형용사. ('주어'는 (주로/아주/항상) '형용사'이다.)

위 문장에 추가할 수 있는 표현
+ when 문장 ('문장'인 상황에서는)
+ if 문장 ('문장'이라면)
+ because 문장 ('문장'이기 때문에)
+ in order to 동사 ('동사'하기 위해서 / '동사'할 수 있도록)

Imagine that a local company is planning to open a new shopping center in your area. You have agreed to participate in a telephone interview about eating at shopping centers.

Q5. When was the last time you ate something in a shopping center? And what did you eat?

PREPARATION TIME	RESPONSE TIME
00:00:03	00:00:15

Q6. Would you make time to visit a shopping center just to eat at a restaurant there? Why or why not?

PREPARATION TIME	RESPONSE TIME
00:00:03	00:00:15

Q7. Which of the following do you think would be most popular at a shopping center in your area? Why?
A movie theater
A fast food restaurant
A coffee shop

PREPARATION TIME	RESPONSE TIME
00:00:03	00:00:30

PART 3

Q5. When was the last time you ate something in a shopping center? And what did you eat?

마지막으로 쇼핑센터에서 무언가를 먹은 것은 언제였나요? 무엇을 먹었나요?

■ 만점 답변 기술 1_ 질문 유형 파악 When / What (의문대명사)

문제에 들어 있는 의문대명사가 두 개이므로, 두 개의 질문에 대한 답변을 모두 해야 만점이 가능합니다.

➡ When으로 시작하는 질문의 답변을 할 때는 be 동사 앞과 뒤의 내용을 바꾼다고 생각하면 간단합니다. 답변 시에는 질문의 you를 I로 변경하는 것도 잊지 마세요.

Q5. When was the last time you ate something in a shopping center?

A5. The last time I ate something in a shopping center was about 2 weeks ago.

➡ What으로 시작하는 질문에 대한 답변은 질문과 관련 있는 특정한 'something (무언가)'을 순발력 있게 만들어 내는 것이 중요합니다. noodles와 같은 답변 명사를 빠르게 생각해 내야 합니다.

■ 만점 답변 기술 2_ 추가 문장 만들기

해당 문제에 출제되지 않은 질문 유형에 대한 답변을 사용할 수 있습니다. 예를 들어, who를 떠올린다면 'I went there with my best friend.'라는 추가 문장을 만들어 낼 수 있지요. 추가 문장은 필수 사항이 아니므로 남는 시간을 확인하고 진행하는 것이 중요합니다.

만점 답변 🎧 MP3 P3_답변 1_Q5 (해석: 해설집 p. 11 참고)

The last time I ate something in a shopping center was about 2 weeks ago, and I ate some noodles at a Chinese restaurant.

Q6. Would you make time to visit a shopping center just to eat at a restaurant there? Why or why not?

식당에서 식사만 하기 위해 쇼핑센터를 방문할 시간을 낼 의향이 있나요? 그렇거나 그렇지 않은 이유는?

만점 답변 기술 1_ 질문 유형 파악 Would you (일반 의문문) + Why (의문대명사)

→ 일반 의문문(네/아니오 질문)은 쉽게 접근 가능하다는 것을 기억하세요. 'Would you ___?'라고 묻는다면 'I would ___.' 혹은 'I wouldn't ___.'와 같이 질문 속의 밑줄 부분을 적극 활용해서 답변하세요.

→ 'Why or why not?'은 주로 의문대명사 중 what, 일반 의문문, 혹은 양자 택일 질문과 묶여 출제됩니다. 많은 응시자들이 문항 속 첫 번째 질문에만 열심히 답변하느라 'Why or why not?'에 대해 답변하는 것을 잊을 때가 많은데, 이 답변까지 해야 만점이 가능하니 주의하세요.

만점 답변 기술 2_ 추가 문장 만들기

연습했던 기술만 사용할 필요는 없습니다. 'I really enjoy eating out.'과 같이 간단하고 짧은 문장이라도 답변의 흐름을 유지하는 내용이라면 충분히 가산점을 받을 수 있습니다.

만점 답변 기술 4 _ 필수 표현 활용하기

'Eating out always enhances my mood.'나 'Personally, I have a lot of free times these days.' 등처럼 앞에서 익힌 필수 표현 중 '시간/흥미/취미/관심사' 관련 표현들을 활용하면 추가 문장 만들기에 선택권이 많아집니다. (p. 70 참고)

만점 답변 🎧MP3 P3_답변 1_Q6 (해석: 해설집 p. 11 참고)

I would make time to visit a shopping center just to eat at a restaurant there because there are not many restaurants in my area.

Q7. Which of the following do you think would be most popular at a shopping center in your area? Why?
A movie theater
A fast food restaurant
A coffee shop

아래 있는 것들 중 어떤 것이 당신의 동네의 쇼핑센터에서 가장 인기가 있을까요? 왜 그렇게 생각하시나요?

영화관

패스트푸드 식당

커피숍

▌만점 답변 기술 3_ Q7 30초 답변 템플릿

서론

→ 서론 문장 끝에 자주 쓰이는 '~ for several reasons'는 30초 답변 만들기의 기본 템플릿! 자연스럽게 말할 수 있도록 연습하세요.

본론 (이유 1)

→ 첫 번째 '이유'는 *First of all*로 시작하면 더욱 깔끔한 답변이 됩니다.

→ 'There are not many _____s in my area (town).'와 같이 필수 표현에서 연습한 문장을 사용한다면 영작이나 어휘 사용에 있어 실수를 줄일 수 있습니다.

본론 (이유 2)

→ 두 번째 '이유'는 *Also* 혹은 *Another reason is that*으로 시작하세요.

→ '한 장소에서 다양한 활동을 즐길 수 있다면 더 재미있을 것이다'라고 말하고 싶은데 문장 속 단어 하나만 잘못 선택해도 '~ 더 재미있어야 한다'가 되어 버릴 수 있으므로 주의하세요. '필수 표현 활용하기'의 '정확한 의사 전달을 위한 말투'에서 명시된 '주어 would be 형용사'를 사용하여 '가정'의 느낌을 살려 주세요. 원하는 느낌의 말투(어감)를 정확히 구사하는 것은 굉장히 중요합니다.

결론

→ 마지막 문장을 시작할 때 'So, these are the main reasons why ~ ' 역시 30초 답변 만들기의 기본 템플릿입니다. 자연스럽게 말할 수 있도록 계속 연습하세요.

만점 답변 🎧 MP3 P3_답변 1_Q7 (해석: 해설집 p. 12 참고)

I think a movie theater would be most popular at a shopping center in my area for several reasons. *First of all*, there are not many movie theaters in my town. *Also*, it would be fun to enjoy various activities on the same day in one place. So, these are the main reasons why I think a movie theater would be most popular at a shopping center in my area.

Imagine that a marketing firm is doing research in your area. You have agreed to participate in a telephone interview about tours of cities.

Q5. When was the last time you took a tour of a city, and who did you take the tour with?

PREPARATION TIME	RESPONSE TIME
00:00:03	00:00:15

Q6. Do you think taking a tour of a city with a tour guide is a good idea?

PREPARATION TIME	RESPONSE TIME
00:00:03	00:00:15

Q7. Are you planning on taking a tour of a city in the near future? Why or why not?

PREPARATION TIME	RESPONSE TIME
00:00:03	00:00:30

PART 3

만점 답변 기술 1 _ 질문 유형 파악 When / Who (의문대명사)

문제에 들어 있는 의문대명사가 두 개이므로, 두 개의 질문에 대한 답변을 모두 해야 만점이 가능합니다.

➡ When으로 시작하는 질문의 답변을 할 때는 be 동사 앞과 뒤의 내용을 바꾼다고 생각하면 간단합니다.
답변 시에는 질문의 you를 I로 변경하는 것도 잊지 마세요.

Q5. When was the last time you took a tour of a city, ~?

A5. The last time I took a tour of a city was about two months ago, ~.

➡ Who로 시작되거나 with whom이 질문에 들어가 있다면 엄마, 친구 등의 '누구'를 빠르게 결정해야 합니다.

만점 답변 기술 2_ 추가 문장 만들기

➡ 해당 문제에 출제되지 않은 질문 유형에 대한 답변을 사용할 수 있습니다. 예를 들어, where를 떠올린다면 'We went to New York City.'라는 추가 문장을 만들어 낼 수 있지요. 또한 'We had a great time.'처럼 간단한 문장을 추가하는 것도 좋습니다. 시간이 된다면 아이디어 두 가지를 한 문장으로 묶어서 더 풍성하게 만드는 것도 도전해 보세요.

만점 답변 🎧MP3 P3_답변 2_Q5 (해석: 해설집 p. 13 참고)

The last time I took a tour of a city was about two months ago, and I took the tour with my best friend. We went to New York City together and had a great time.

Q6. Do you think taking a tour of a city with a tour guide is a good idea?

관광 가이드와 함께 도시를 관광하는 것이 좋은 아이디어라고 생각하나요?

▌만점 답변 기술 1_ 질문 유형 파악 Do you (일반 의문문)

→ 일반 의문문 (네/아니오 질문)은 쉽게 접근 가능하다는 것을 기억하세요. 'Do you think ___?'라고 묻는다면 'Yes, I think ___.' 혹은 'No, I don't think ___.'와 같이 질문 속의 밑줄 부분을 적극 활용해서 답변하세요. (답변 시작 부분에 Yes 나 No는 생략 가능)

▌만점 답변 기술 2_ 추가 문장 만들기

→ '많은 정보를 얻을 수 있다'라는 문장은 실제 시험에 자주 사용할 수 있는 표현이에요. 의미가 같은 여러 가지 표현을 준비해 가는 것보다는 한 가지 표현을 제대로 연습하는 것이 좋습니다.

> 예 I can get a lot of useful information (about 무엇).
>
> (저는 ('무엇'에 대해) 많은 유용한 정보를 얻을 수 있습니다.)

▌만점 답변 기술 4 _ 필수 표현 활용하기

→ 이 질문은 앞에서 익힌 필수 표현 중 '혼자' or '함께' 관련 문제의 범주에 들어갑니다. 'Yes, I think ___.'이라 했다면 '함께' 관련 표현, 'No, I don't think ___.'이라 했다면 '혼자' 관련 표현을 답변에 적극 활용할 수 있습니다.

(p. 71 참고)

`만점 답변` 🎧 MP3 P3_답변 2_Q6 (해석: 해설집 p. 13 참고)

Yes, I think taking a tour of a city with a tour guide is a good idea. I can get a lot of useful information about the city.

Q7. Are you planning on taking a tour of a city in the near future? Why or why not?

가까운 미래에 도시를 관광할 계획을 하고 있나요? 그렇거나 그렇지 않은 이유는?

■ 만점 답변 기술 3_ Q7 30초 답변 템플릿

서론

→ 서론 문장 끝에 자주 쓰이는 '~ for several reasons'는 'There are several reasons.'나 'I have a few reasons for this.'로 대체 가능합니다.

본론 (이유 1)

→ 첫 번째 '이유'는 *First of all*로 시작하면 더욱 깔끔한 답변이 됩니다. *The first reason is that*으로 대체 가능합니다.

→ 이 질문은 앞에서 익힌 필수 표현 중 '시간/ 흥미/ 취미/ 관심사' 관련 문제의 범주에 들어갑니다. 'Yes, I am___.'이라고 시작했다면 '개인적으로 요즘 남는 시간이 많다'라고 답할 수 있고, 'No, I am not ___.'이라고 시작했다면 '요즘 회사가 엄청 바빠요. 새로운 프로젝트가 많거든요'라고 답할 수 있습니다. (p. 70 참고)

본론 (이유 2)

→ 두 번째 '이유'는 *Also* 혹은 *Another reason is that*으로 시작하세요.

→ 두 번째 이유 역시, 앞에서 배운 '시간/ 흥미/ 취미/ 관심사' 관련 필수 표현 중 하나를 사용할 수 있어요. '개인적으로 ~에 관심이 많아요' 혹은 '개인적으로 ~에 관심이 별로 없어요'와 같은 표현도 이 질문에 대한 답변으로 잘 어울립니다. (p. 70 참고)

결론

→ 마지막 문장을 시작할 때 'So, these are the main reasons why ~ ' 역시 30초 답변 만들기의 기본 템플릿입니다. 자연스럽게 말할 수 있도록 계속 연습하세요.

만점 답변 🎧 MP3 P3_답변 2_Q7 (해석: 해설집 p. 13 참고)

Actually, I'm not planning on taking a tour of a city in the near future. There are several reasons. *First of all*, I am very busy at work these days because I have a lot of new projects. *Another reason is that*, personally, I'm not very interested in taking a city tour. So, these are the main reasons why I'm not planning on taking a tour of a city in the near future.

Imagine that you are talking on the telephone to a friend. You are having a conversation about music.

Q5. How often do you listen to music, and do you often listen to foreign music?

PREPARATION TIME	RESPONSE TIME
00:00:03	00:00:15

Q6. Where do you usually listen to music?

PREPARATION TIME	RESPONSE TIME
00:00:03	00:00:15

Q7. In your opinion, what is the best way to learn about music that you are not familiar with, and why?

PREPARATION TIME	RESPONSE TIME
00:00:03	00:00:30

PART 3

Q5. How often do you listen to music, and do you often listen to foreign music?

얼마나 자주 음악을 듣나요, 그리고 외국 음악은 자주 듣나요?

■ 만점 답변 기술 1_ 질문 유형 파악 How often (의문대명사) + Do you(일반 의문문)

문제에 들어 있는 의문대명사가 두 개이므로, 두 개의 질문에 대한 답변을 모두 해야 만점이 가능합니다.

➜ How often으로 시작하는 질문의 답변을 할 때는 do의 위치를 확인하고, do 다음 부분부터 말하면 됩니다. 질문에 보이는 것이 be 동사라면 답변에도 해당 동사를 사용해야 하지만 do는 답변 시 제외해야 합니다.

Q5. How often do you listen to music, ~?

A5. I listen to music almost every day, ~.

➜ 'Do you ____?'라고 묻는다면 'Yes, I ____.' 혹은 'No, I don't ____.'라고 답하면 되는데, 이때 Yes와 No는 생략해도 됩니다.

■ 만점 답변 기술 2 _ 추가 문장 만들기

➜ 만점 답변은 예시일 뿐이니, 나만의 추가 문장을 다양하게 만들어 보세요. 질문에 How often과 Do you가 이미 들어 있으니 When을 떠올려 보면 'The last time I listened to foreign music was this morning.', Who를 떠올려 보면 'I usually listen to music with my sister.'와 같은 추가 문장을 만들 수 있습니다.

■ 만점 답변 기술 4_ 필수 표현 활용하기

➜ '시간/흥미/취미/관심사' 범주에 들어가는 질문이므로, 필수 표현을 활용해 보는 연습도 잊지 마세요. (p. 70 참고)

만점 답변 🎧MP3 P3_답변 3_Q5 (해석: 해설집 p. 14 참고)

I listen to music almost every day, and yes, I often listen to foreign music. Listening to music is one of my favorite hobbies.

Q6. Where do you usually listen to music?

음악은 주로 어디에서 듣나요?

▌만점 답변 기술 1_ 질문 유형 파악 Where (의문대명사)

→ Where를 묻는 질문은 my room이나 my office 등의 '장소'를 빠르게 결정해야 합니다.

→ 어떤 장소이건 '안'에서 음악을 듣는 것이라면 장소 앞에 전치사 in을 넣어 주세요.

▌만점 답변 기술 2_ 추가 문장 만들기

→ '시간/흥미/취미/관심사' 관련 질문에 사용할 수 있는 '무엇 always relieves my stress'와 같은 필수 표현은 답변 속 추가 문장으로 잘 어울립니다. (p. 70 참고)

만점 답변 🎧 MP3 P3_답변 3_Q6 (해석: 해설집 p. 14 참고)

I usually listen to music in my room. My room is very comfortable and quiet. Listening to music in my room always relieves my stress.

Q7. In your opinion, **what** is the best way to learn about music that you are not familiar with, and why?

당신의 생각에 친숙하지 않은 음악을 배울 수 있는 최고의 방법은 무엇인가요? 왜 그렇다고 생각하나요?

▍만점 답변 기술 3_ Q7 30초 답변 템플릿

서론

→ 'In your opinion, what is ___?'라는 질문에 'In my opinion, 무엇(what에 대한 답) is ___ for several reasons.'와 같이 질문에 포함된 내용을 적극 활용할 수 있다는 점을 꼭 기억하세요.

본론(이유 1)

→ 필수 표현인 'There are many ____ 어디에'를 활용해 보면 '온라인에는 다양한 선택권이 있다.'나 '온라인에는 다양한 영상들이 있다' 등의 문장을 만들 수 있습니다.

본론(이유 2)

→ 인터넷이라는 주제는 필수 표현 중 '함께' or '혼자' 관련 표현을 활용 가능합니다. 현장 강의와 인터넷 강의를 비교하는 질문이라면 전자를 '함께', 후자를 '혼자'로 구분하는 것이 좋지만, 위 질문에는 비교 대상이 명시되지 않았기 때문에 '다른 이들과 유용한 정보를 공유할 수 있다'와 같은 '함께' 관련 표현을 활용하면 됩니다. (p. 71 참고)

결론

→ 마지막 문장 역시 'So, these are the main reasons why 무엇 (what에 대한 답) is ___ (in my opinion).'처럼 질문에 포함된 내용을 활용해 보세요.

만점 답변 🎧 MP3 P3_답변 3_Q7 (해석: 해설집 p. 15 참고)

In my opinion, **the Internet** is the best way to learn about music that I am not familiar with for several reasons. The first reason is that there are many options online. Also, other people and I can share useful information about music through the Internet. So, these are the main reasons why **the Internet** is the best way to learn about music that I am not familiar with.

SET 4

Imagine that a British company is doing some research in your community and you have agreed to participate in a telephone interview about public transportation.

Q5. What kind of public transportation do you take to commute?

PREPARATION TIME	RESPONSE TIME
00:00:03	00:00:15

Q6. What is your favorite type of public transportation?

PREPARATION TIME	RESPONSE TIME
00:00:03	00:00:15

Q7. How do you think public transportation can be improved in your community?

PREPARATION TIME	RESPONSE TIME
00:00:03	00:00:30

PART 3

Q5. **What kind of public transportation** do you take to commute?

당신은 통근하기 위해 어떤 종류의 대중교통을 이용하나요?

▌만점 답변 기술 1_ 질문 유형 파악 What (의문대명사)

→ What으로 시작하는 질문의 답변은 질문과 관련된 명사를 순발력 있게 만들어 내는 것이 관건입니다 (what kind of public transportation → the subway!)

▌만점 답변 기술 2 _ 추가 문장 만들기

→ '주어 am/is/are 형용사' 형식 문장은 시험에 굉장히 자주 사용할 수 있습니다.

→ 그 외에도, 추가 문장 만들기의 대표 기술인 '출제되지 않은 질문의 답변 사용하기'를 적용해 보세요. 예를 들어 When?을 떠올린다면 'The last time I took the subway was this morning.'이라는 문장을 만들 수 있고, Who?를 떠올린다면 'I usually take the subway with my coworker.' 등의 다양한 문장을 만들 수 있습니다.

만점 답변 🎧 MP3 P3_답변 4_Q5 (해석: 해설집 p. 15 참고)

I always take the subway to commute. It is punctual and the price is reasonable.

Q6. What is your favorite type of public transportation?

당신이 가장 선호하는 대중교통은 무엇인가요?

■ **만점 답변 기술 1_ 질문 유형 파악 What (의문대명사)**

→ What을 포함한 그 어떤 의문대명사 질문이라도 be 동사 앞뒤 내용을 바꾸는 기술은 필수입니다. 답변 시 질문의 your를 my로 변경하는 것도 잊지 마세요.

Q6. <u>What</u> is your <u>favorite type of public transportation</u>?

A6. <u>My favorite type of public transportation</u> is <u>the subway</u>.

■ **만점 답변 기술 2_ 추가 문장 만들기**

→ '주어 am/is/are 형용사' 형식의 문장은 시험에 정말 자주 사용할 수 있습니다. 형용사 앞에 very나 incredibly를 넣어 주면 유창하게 들리는 경우가 많습니다.

■ **만점 답변 기술 4_ 필수 표현 익히기**

→ 서비스 관련 필수 표현인 'There are many _____ 어디에'를 활용해 보면 '우리 집 근처에 많은 지하철역이 있다.' 와 같은 문장을 만들 수 있습니다. (p. 71 참고)

만점 답변 🎧 MP3 P3_답변 4_Q6 (해석: 해설집 p. 15 참고)

<u>My favorite type of public transportation</u> is <u>the subway</u>. It is very convenient because there are many subway stations near my home.

Q7. How do you think public transportation can be improved in your community?

당신의 동네의 대중교통이 어떻게 향상될 수 있을까요?

만점 답변 기술 3_ Q7 30초 답변 템플릿

서론

→ How로 시작하는 질문에서 서론 문장의 방향은 여러 가지가 있습니다.

방법 1. '하나'의 향상 요소를 주제로 잡고 본론에서 해당 요소가 '왜' 중요한지에 대해 설명.

방법 2. '다양한 방법이 있다'고 소개한 뒤 본론에서 방법들과 그것을 추천하는 이유 제시.

본론 (이유 1 + 이유 2)

→ 방법 1을 선택한 경우 명시한 하나의 향상 요소가 왜 중요한지에 대해 'There are not many ___. 주어 would 동사 (주어 would be 형용사)' 등의 표현을 사용하여 설명할 수 있습니다.

→ 방법 2를 선택한 경우 최소 두 가지의 향상 요소를 명시해야 합니다. 어떠한 향상 요소가 필요하다고 말하려면 should, need to, have (has) to처럼 '~해야 한다, ~할 필요가 있다' 등의 주장하는 말투를 사용하는 것이 효과적입니다.

결론

→ 서론에서 어떤 방법으로 접근했는지에 따라 결론 문장은 달라집니다.

만점 답변 🎧 MP3 P3_ 답변 4_ Q7_1 (해석: 해설집 p. 16 참고)

I think public transportation can be improved by making more subway stations for several reasons. First of all, there are not many subway stations in my area. Also, people would be able to save a lot of time. So, these are the main reasons why I think public transportation can be improved by making more subway stations.

만점 답변 🎧 MP3 P3_ 답변 4_ Q7_2 (해석: 해설집 p. 16 참고)

There are several ways public transportation can be improved in my community. Primarily, they should replace all the seats in the subway trains because they are often messy and old. Also, they should decrease the fee because it is very expensive to use it in my area. So, these are the ways public transportation can be improved in my community.

Imagine that a British marketing firm is conducting a survey in your area. You have agreed to participate in a telephone interview about going on trips.

Q5. How long was your last trip and who did you go with?

PREPARATION TIME	RESPONSE TIME
00:00:03	00:00:15

Q6. How do you usually decide where to go on a trip?

PREPARATION TIME	RESPONSE TIME
00:00:03	00:00:15

Q7. Do you think people should schedule all their activities in advance?

PREPARATION TIME	RESPONSE TIME
00:00:03	00:00:30

PART 3

Q5. How long was your last trip and who did you go with?

당신의 최근 여행은 얼마나 길었나요? 그리고 누구와 함께 갔나요?

■ 만점 답변 기술 1_ 질문 유형 파악 How long (How 형용사) + Who (의문대명사)

문제에 들어 있는 의문대명사가 두 개이므로, 두 개의 질문에 대한 답변을 모두 해야 만점이 가능합니다.

→ How long으로 시작하는 질문의 답변을 할 때는 be 동사 앞과 뒤의 내용을 바꾸기!

   답변 시 질문의 you를 I로 변경하는 것도 잊지 마세요.

   Q5. How long was your last trip ~?

   A5. My last trip was for 3 days ~.

→ Who로 시작되거나 with whom이 질문에 들어가 있다면 엄마, 친구 등의 '누구'를 빠르게 결정해야 합니다.

■ 만점 답변 기술 2_ 추가 문장 만들기

→ 해당 문제에 출제되지 않은 질문 유형에 대한 답변을 사용할 수 있습니다. 예를 들어, where를 떠올린다면 'We went to China.'라는 추가 문장을 만들 수 있습니다. 또는 'We had a great time.'처럼 간단한 문장을 추가하는 것도 좋습니다. 시간이 된다면 아이디어 두 가지를 한 문장으로 묶어서 더 풍성하게 만드는 것도 도전해 보세요.

만점 답변 🎧 MP3 P3_답변 5_Q5 (해석: 해설집 p. 17 참고)

My last trip was for 3 days and I went with my family. We went to China last month and had a great time.

Q6. How do you usually decide where to go on a trip?

보통 어디로 여행 갈지 어떻게 정하나요?

만점 답변 기술 1_ 질문 유형 파악 How (의문대명사)

➡ 'How 형용사' 질문이 아닌 How 즉, 방법을 묻는 질문에서는 'by ~'이라는 표현이 유용하게 사용될 수 있습니다. '~을 통하여' '~함으로써'라는 의미로, 다른 질문의 답변에도 자주 사용할 수 있는 표현이에요.

만점 답변 기술 2_ 추가 문장 만들기

➡ '많은 유용한 정보를 얻을 수 있다'라는 뜻의 'I can get a lot of useful information.'은 대부분의 상황에서 '어디에 많은 유용한 정보가 있다'라는 뜻의 'There's always a lot of useful information 어디에.'와 교체 사용 가능합니다. '정보'에 대해 말할 때 참 자주 들리는 실수가 있는데, 그것은 바로 'many informations'이다. information은 셀 수 없는 명사이기 때문에 앞에 many를 넣으면 안 되고, 뒤에 -s를 붙여도 안 됩니다. 꼭 명심하세요.

만점 답변 🎧 MP3 P3_답변 5_Q6 (해석: 해설집 p. 17 참고)

I usually decide where to go on a trip by reading reviews on the Internet. There's always a lot of useful information online.

PART 3

Q7. Do you think people should schedule all their activities in advance?

당신은 사람들이 모든 활동의 일정을 미리 짜야 한다고 생각하나요?

■ **만점 답변 기술_ Q7 30초 답변 템플릿**

서론

➡ 'Do you think ___?'라는 질문에 대한 답변은 'Yes, I think ___ for several reasons.' 혹은 'No, I don't think ___ for several reasons'로 시작할 수 있습니다.

본론 (이유 1)

➡ (미리 계획함으로써) 사람들은 이런저런 것들을 '할 수 있다.' 이 문장은 필수 표현에서 익힌 '정확한 의사 전달을 위한 말투' 중 하나인 '주어 can 동사'를 활용하면 됩니다. 해당 문제 유형에 어울리는 어감입니다.

본론 (이유 2)

➡ '주어 allows 누구 to 동사('주어'는 '누구'를 '동사'할 수 있도록 해준다.)' 라는 표현을 만점 답변에서 접할 수 있습니다. 유용한 문장 구성이라 생각한다면 해당 문장을 외울 것이 아니라 문장의 틀을 기반으로 '주어' '누구' '동사' 부분을 바꾸어 가며 연습해 보세요.

결론

➡ 마지막 문장 역시 질문을 다시 한 번 활용하여 'So, these are the main reasons why I (don't) think ___.'로 마무리해 보세요.

만점 답변 🎧 MP3 P3_답변 5_Q7 (해석: 해설집 p. 17 참고)

Yes, I think people should schedule all their activities in advance for several reasons. The first reason is that they can get a lot of useful information by researching in advance. Also, it allows people to spend their time more efficiently. So, these are the main reasons why I think people should schedule all their activities in advance.

🎧 MP3 P3 _ 실전 1

TOEIC Speaking   **TEST 1**   VOLUME

Imagine that a local company is planning to open a new shopping center in your area. You have agreed to participate in a telephone interview about eating at shopping centers.

Q5. When was the last time you ate something in a shopping center? And what did you eat?

PREPARATION TIME	RESPONSE TIME
00:00:03	00:00:15

Q6. Would you make time to visit a shopping center just to eat at a restaurant there? Why or why not?

PREPARATION TIME	RESPONSE TIME
00:00:03	00:00:15

Q7. Which of the following do you think would be most popular at a shopping center in your area? Why?
A movie theater
A fast food restaurant
A coffee shop

PREPARATION TIME	RESPONSE TIME
00:00:03	00:00:30

PART 3

Imagine that a marketing firm is doing research in your area. You have agreed to participate in a telephone interview about tours of cities.

Q5. When was the last time you took a tour of a city, and who did you take the tour with?

PREPARATION TIME	RESPONSE TIME
00:00:03	00:00:15

Q6. Do you think taking a tour of a city with a tour guide is a good idea?

PREPARATION TIME	RESPONSE TIME
00:00:03	00:00:15

Q7. Are you planning on taking a tour of a city in the near future? Why or why not?

PREPARATION TIME	RESPONSE TIME
00:00:03	00:00:30

TOEIC Speaking | **TEST 3** | VOLUME

Imagine that you are talking on the telephone to a friend. You are having a conversation about music.

Q5. How often do you listen to music, and do you often listen to foreign music?

PREPARATION TIME	RESPONSE TIME
00:00:03	00:00:15

Q6. Where do you usually listen to music?

PREPARATION TIME	RESPONSE TIME
00:00:03	00:00:15

Q7. In your opinion, what is the best way to learn about music that you are not familiar with, and why?

PREPARATION TIME	RESPONSE TIME
00:00:03	00:00:30

TEST 4 VOLUME

Imagine that a British company is doing some research in your community and you have agreed to participate in a telephone interview about public transportation.

Q5. What kind of public transportation do you take to commute?

PREPARATION TIME	RESPONSE TIME
00:00:03	00:00:15

Q6. What is your favorite type of public transportation?

PREPARATION TIME	RESPONSE TIME
00:00:03	00:00:15

Q7. How do you think public transportation can be improved in your community?

PREPARATION TIME	RESPONSE TIME
00:00:03	00:00:30

TOEIC Speaking　　　　　　　　**TEST 5**　　　　　　　　(VOLUME)

Imagine that a British marketing firm is conducting a survey in your area. You have agreed to participate in a telephone interview about going on trips.

Q5. How long was your last trip and who did you go with?

PREPARATION TIME	RESPONSE TIME
00:00:03	00:00:15

Q6. How do you usually decide where to go on a trip?

PREPARATION TIME	RESPONSE TIME
00:00:03	00:00:15

Q7. Do you think people should schedule all their activities in advance?

PREPARATION TIME	RESPONSE TIME
00:00:03	00:00:30

Respond to Questions Using Information Provided

제공된 정보를 사용하여
질문에 답하기

📝 Q8-10, 총 3문제

✅ 발음, 억양, 강세, 문법,
   어휘, 일관성, 완성도 중요

🕐 정보 읽는 시간 45초
   문항별 준비 시간 3초

🎤 답변 시간 15/15/30초

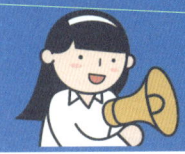

PART 4 소개

실전 시험 노하우

- 표 읽는 시간인 45초 동안 시험에 출제될 만한 질문을 예상해 봅니다.
- 실제 상담원처럼 친절하게 답변합니다.
- PART 4의 마지막 문항인 **Q10**은 같은 질문을 **두 번** 반복해서 들려줍니다. 질문이 나온 후 바로! **"Now listen again"** 이라는 말과 함께 동일한 질문이 한번 더 나옵니다.
- Q10은 답변 시간(30초)이 많이 남거나, 답변이 너무 길어 녹음이 잘려도 감점의 요소가 되므로, 시간을 재면서 답변 연습을 합니다.
- 질문에 쓰인 단어와 표 내용을 활용하면 쉽게 만점 답변을 만들 수 있습니다.
- Q10에서는 여러 개의 정보를 말해 주어야 하므로, 'first of all, also, finally'처럼 순서를 나타내는 표현을 사용하는 것이 좋습니다. 또한 시간에 대한 감점이 있으므로, ' So, it looks like there are~'와 같은 시간 채우기 문장도 외워 두세요.

실전 시험 예시

TOEIC Speaking | **Question 8-10 of 11** | VOLUME

International Linguistics Conference
Monday, August 22nd
Washington Conference Center
Fee : $35, free for students with student ID

9:30 ~ 10:00 AM	Opening Speech (Kevin Chen)
10:00 ~ 11:00 AM	Presentation : Words and Their Meanings (Lena Fernandez)
11:00 ~ Noon	Group Activity : Cross-Cultural Communication (Becky Ferrick)
1:00 ~ 2:00 PM	Presentation : The Rules of Language (Chris Jacobs)
2:00 ~ 3:00 PM	Presentation : Analyzing Sounds (Becky Ferrick)
3:00 ~ 4:00 PM	Group Activity : Universal Language (Jeff Gilbert)

	PREPARATION TIME 00:00:03	RESPONSE TIME 00:00:15
PREPARATION TIME 00:00:45	PREPARATION TIME 00:00:03	RESPONSE TIME 00:00:15
	PREPARATION TIME 00:00:03	RESPONSE TIME 00:00:30

PART 4 만점 답변 기술 1
표 분석하여 질문 예상하기

 만점 답변 기술

1 표 분석하여 질문 예상하기

45초의 준비 시간 동안 가장 집중해야 하는 부분입니다. 어떤 질문이 나올지에 대해 근거 있는 예상을 해놓으면 답변하기가 훨씬 수월해집니다.

Q8. 표의 헤드 부분(행사가 진행되는 장소, 날짜, 요일, 가격 등) 및 첫 일정, 마지막 일정에서 출제되는 경우가 대부분입니다.

> **질문의 키워드**
> · 장소를 묻는 질문 – where / location / room
> · 날짜를 묻는 질문 – when / date
> · 요일을 묻는 질문 – day
> · 시간을 묻는 질문 – when / what time
> · 첫 일정을 묻는 질문 – first / begin / start
> · 마지막 일정을 묻는 질문 – last / end
> · 가격을 묻는 질문 – how much / price / fee / tuition

Q9. 정보를 정정해야 하는 질문, 즉 '그날 행사가 장소 A에서 진행된다고 들었습니다. 맞습니까?'와 같은 질문에 '그날 행사는 장소 B에서 진행됩니다.'와 같은 답변을 요구하는 질문이 가장 빈번하게 출제됩니다. 표의 헤드 부분 내용뿐 아니라 다른 일정에 대해서도 물어볼 수 있습니다. 또한 표 안에 취소되거나 연기된 일정이 보인다면 9번 문제로 출제될 확률이 아주 높습니다.

> **질문의 키워드**
> · (잘못된 정보 / 취소, 연기된 일정을 언급한 후)
> Right?
> Am I right?
> Is this correct?
> Is this the right information?
> Can you confirm this for me?
>
> · 'No. / You're wrong. / That is not correct.'와 같은 표현으로 답변을 시작하면 차갑고 어색하게 들릴 수 있습니다.
> 'Actually, 올바른 정보'와 같은 방식으로 답변해 주세요.

Q10. 공통된 정보가 포함된 일정, 특정 시간이나 점심 시간 전후의 일정, 하나의 제목으로 묶여진 세부 사항이 출제될 가능성이 가장 높습니다. 매해 100회 이상 진행되는 시험 중, 표 안에서 두 번 반복되는 단어에 대한 질문 출제율이 95% 이상입니다. 표의 일정에서 만약 workshop이 세 번! 보인다면 10번 문제로 출제될 확률이 급격히 낮아진다는 의미입니다.

질문의 키워드

· 공통된 단어 (특히 동일한 단어가 두 번! 보이는 경우)

· before lunch 혹은 특정 시간

· after lunch 혹은 특정 시간

· 2~3개의 세부 사항을 묶어 주는 하나의 제목

예 **Special workshop**

- How to make a lantern with your child

- How to create a kid-friendly room

만점 답변 기술

2 답변 만들기 공식

1. 기본 공식 1

일정의 유형

This conference (이 컨퍼런스)

This seminar (이 세미나)

Our winter program
(우리의 겨울 프로그램)

A lecture on global warming
(지구 온난화에 대한 강의)

The first interview (첫 면접)

will

is going to

take place

be held

at 시간

on 요일

on 날짜

in / at 장소

예시 문장

This seminar is going to take place on December 21st.
(이 세미나는 12월 21일에 진행될 예정입니다.)

· take place와 be held는 '열리다, 진행되다, 개최되다'라는 의미로 PART 4의 답변에서 가장 유용하게 사용할 수 있는 표현입니다.

· 무엇'에 해당되는 단어가 복수명사라면 'is going to'를 'are going to'로 변경하세요. (The interviews are going to be held on Monday.)

· 전치사 하나만 틀려도 문장 전체의 유창성에 악영향을 줄 수 있으므로 시간/요일/날짜/장소 앞에 들어가는 전치사는 꼼꼼하게 연습해야 합니다. (p. 105 전치사 사용법 참고)

2. 기본 공식 2

There will be You will have There is going to be	a an	일정의 유형 presentation lecture speech seminar workshop discussion activity session	about 주제 on 주제	given by 누구 led by 누구

예시 문장

There will be a workshop on 'Creating an Effective Website' led by James Kim.
('효과적인 웹사이트 만들기'에 대한 워크샵이 James Kim에 의해 진행될 것입니다.)

· 읽어야 할 정보의 가장 앞 단어가 명사라면 'There will be 명사' 'You will have 명사' 'There is going to be 명사'를 사용해 문법 실수를 줄여야 합니다. 명사가 더욱 빈번하게 출제되지만, 만일 동사원형이 보인다면 'You will 동사원형' 'We will 동사원형'의 방식으로 문장을 만들 수 있습니다. 동사ing를 접하게 된다면 ing를 빼고 'You will 동사원형' 'We will 동사원형'의 방식을 유지하면 됩니다.

· give는 '연설하다/발표하다/말하다'라는 의미로 말로 해야 하는 '명사'에 어울리는 동사이고, lead는 '진행하다'라는 의미로 진행이 필요한 '명사'에 어울리는 동사입니다. 그러므로 presentation, lecture, speech와 같이 '발표'를 해야 하는 일정에는 'given by 누구'가 어울리며 seminar, workshop, discussion, activity, session처럼 '진행'을 요구하는 일정에는 'led by 누구'가 어울립니다. 어떤 일정을 'given by 누구'라고 해야 할지, 'led by 누구'라고 해야 할지 헷갈리는 경우라면 그냥 'by 누구' 라고 해도 됩니다.

· 일정에 '주제'가 없다면 'about 주제' / 'on 주제' 부분을 빼면 되고, 일정에 '사람 이름'이 없다면 'given by 누구' 'led by 누구' 부분을 빼면 됩니다.

· presentation, seminar와 같은 '일정의 유형'은 없고 '주제'만 제시되어 있다면 가장 포괄적인 의미를 가진 session을 임의로 사용하여 'There will be a session on 주제'와 같은 문장을 만들 수 있습니다.

3. 기본 공식 3

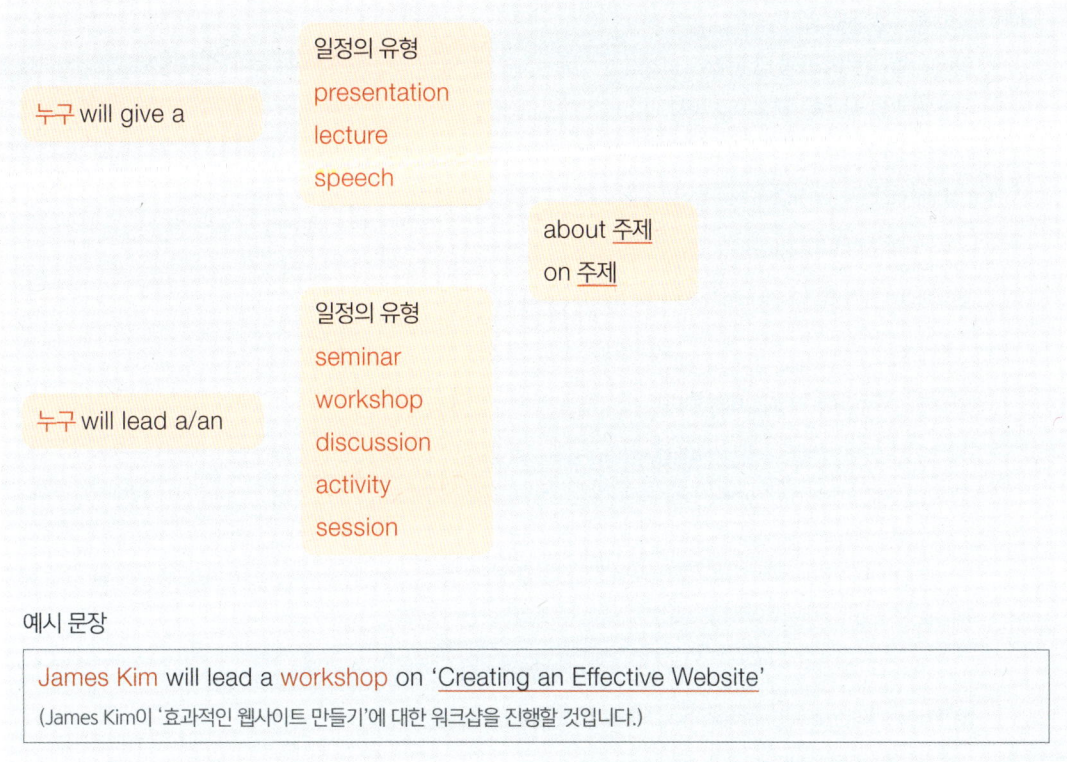

예시 문장

James Kim will lead a workshop on 'Creating an Effective Website'
(James Kim이 '효과적인 웹사이트 만들기'에 대한 워크샵을 진행할 것입니다.)

· 공식 중 유일하게 능동태 형식의 문장입니다. 일정에 '누구(사람 이름이나 직책)'가 명시되어 있는 경우에만 사용 가능합니다. 이것이 명시되지 않은 일정이라면 기본 공식 1을 사용해야 합니다.

전치사 사용법

시간, 요일, 날짜, 장소에 대해 답해야 하거나, 위 기본 문장에 시간, 요일, 날짜, 장소 정보를 덧붙여야 할 때 올바른 전치사를 사용해야 합니다.

· 시간 → At 시간 예 At 9am

· 시간~시간 → From 시간 to 시간 예 From 1 to 3pm (날짜, 요일도 동일한 방식)

· 요일 → On 요일 예 On Wednesday

· 날짜 → On 날짜 예 On August 9th

· 요일, 날짜 → On 요일, 날짜 예 On Wednesday, August 9th

· 방 → In 방 예 In Room D

· 회사, 학교 등 건물 → At 회사, 학교 등 건물 예 At the Sunshine Conference Center

　– the는 뒤에 쓰인 명사의 끝 단어가 '보통명사'로 유추되는 경우에 붙여 주면 자연스럽습니다.

　　예 At CGV (O)

　　　 At the CGV movie theater (O)

4. 유형별 공식

① 유형 1 행사 스케줄

· 읽어야 할 정보의 가장 앞 단어가 명사라면 'There will be 명사' 'You will have 명사' 'There is going to be 명사'를 사용해 문법 실수를 줄입니다. 명사가 더욱 빈번하게 출제되지만, 만일 동사원형이 보인다면 'You will 동사원형' 'We will 동사원형'의 방식으로 문장을 만들 수 있습니다. 동사ing를 접하게 된다면 ing를 빼고 'You will 동사원형' / 'We will 동사원형'의 방식을 유지하면 됩니다.

1:00-2:00 PM	Workshop	Lisa Choi

예 There will be a workshop. (워크샵이 있을 예정입니다.)

1:00-2:00 PM	Attend a workshop	Lisa Choi

예 You will attend a workshop. (당신은 워크샵에 참석할 것입니다.)

1:00-2:00 PM	Attending a workshop	Lisa Choi

예 You will attend a workshop. (당신은 워크샵에 참석할 것입니다.)

· presentation, seminar와 같은 '주제의 유형'은 없고 '주제'만 제시되어 있다면 가장 포괄적인 의미를 가진 session을 임의로 사용하여 'There will be a session on 주제'와 같은 문장을 만들 수 있습니다.

1:00-2:00 PM	How to Select Music	Lisa Choi

예 There will be a session on 'How to Select Music.'

('음악을 선정하는 방법'에 대한 세션이 있을 예정입니다.)

· 특정 일정을 'given by 누구'라고 해야 할지, 'led by 누구'라고 해야 할지 헷갈리는 경우라면 그냥 'by 누구'라고 하세요.

1:00-2:00 PM	Workshop: communication skills	Lisa Choi

예 There will be a workshop on communication skills by Lisa Choi.

(Lisa Choi에 의해 진행되는 소통의 기술에 대한 워크샵이 있을 예정입니다.)

② 유형 2 – 수업 스케줄

Class Name	Day of the week	Class Time	Instructor
Beginning watercolor	Tuesdays	9:00 – 11:00 A.M.	Jane Walker

· 수업은 강사나 선생님에 의해 발표되거나 진행된다고 말하는 것보다 표에 제시된 정보의 내용을 활용하여 'The instructor is 강사/선생님 이름.'이라고 답변하는 것이 훨씬 자연스럽습니다.

예 There will be a beginning watercolor class on Tuesdays from 9 to 11am. The instructor is Jane Walker. (화요일 오전 9시부터 11시까지 초보 수채화 수업이 있을 예정입니다. 강사는 Jane Walker입니다.)

· 표 안에 보이는 Beginning watercolor라는 수업 주제를 watercolor class for beginners처럼 말로 풀어 주는 방식은 유창성을 한껏 보여 줄 수 있는 기술이지만 만점을 받기 위한 필수는 아닙니다. 일단 한번 도전해 보세요!

예 There will be a watercolor class for beginners on Tuesdays from 9 to 11am.

(화요일 오전 9시부터 11시까지 초보자를 위한 수채화 수업이 있을 예정입니다.)

③ 유형 3 – 인터뷰 스케줄

Time	Applicants	Desired Position	Current Employer
9:30~10:00	Susan Miles	graphic designer	Porcelain Designs

· 응시자에게 질문을 하는 사람은 주로 면접관 중 한 명입니다. 그 사람이 인터뷰를 진행하므로 You라는 주어가 자주 쓰입니다.

　　예 <u>You</u> will interview Susan Miles. (당신은 Susan Miles를 인터뷰할 것입니다.)

· Interview를 명사로 사용하는 방법, 동사로 사용하는 방법을 모두 숙지한다면 유창성에 큰 도움이 됩니다.

　　명사: 예 You will have an interview with Susan Miles. (당신은 Susan Miles와 인터뷰를 가질 것입니다.)
　　　　　There will be an interview with Susan Miles. (Susan Miles와의 인터뷰가 있을 것입니다.)

　　동사: 예 You will interview Susan Miles. (당신은 Susan Miles를 인터뷰할 것입니다.)
　　　　　Susan Miles will be interviewed. (Susan Miles가 인터뷰를 치를 것입니다.)

Time	Applicants	Desired Position	Current Employer
9:30~10:00	Susan Miles	graphic designer	Porcelain Designs

· 인터뷰 스케줄 관련 답변에서는 전치사의 역할이 굉장히 중요합니다. '지원자가 현재 일하고 있는 기관'을 분리된 문장으로 빼는 것이 아니라면 '지원자의 이름'과 붙여 줍니다.

　　예 Susan Miles <u>from</u> Porcelain Designs (Porcelain Designs에서 온 Susan Miles)

Time	Applicants	Desired Position	Current Employer
9:30~10:00	Susan Miles	graphic designer	Porcelain Designs

· '지원한 직책/직종'을 분리된 문장으로 빼는 것이 아니라면 'for 지원한 직책/직종'이 가장 많이 쓰입니다. graphic designer에 지원하는 것이 아니라 graphic designer라는 position에 지원을 하는 것이므로 graphic designer position 이라고 하는 게 좋습니다.

　　예 You will interview Susan Miles <u>from</u> Porcelain Designs <u>for</u> the graphic designer position.
　　　　(당신은 그래픽 디자이너 직책에 지원하는 Porcelain Designs에서 온 Susan Miles를 인터뷰할 것입니다.)

· 'A는 B이다' 형식의 문장 만들기는 꼭 추가적으로 연습해야 합니다. 정보 안에 A와 B가 다 나와 있습니다. 갑자기 영작 이 꼬일 때나, 답변 시간이 남아돌 때 등 다양한 상황에 도움이 되는 문장 만들기 방법입니다.

　　예 The applicant is <u>Susan Miles</u>. (지원자는 Susan Miles입니다.)
　　　　Her desired position is <u>the graphic designer position</u>. (그녀의 희망 직책은 그래픽 디자이너 직책입니다.)
　　　　Her current employer is <u>Porcelain Designs</u>. (그녀의 현 고용주는 Porcelain Designs입니다.)

PART 4

컨퍼런스, 워크샵, 세미나, 오리엔테이션 등 특정 행사에서 진행되는 일정을 소개하는 정보입니다. PART 4 시험에 압도적으로 가장 많이 출제되는 출제율 1위 유형입니다.

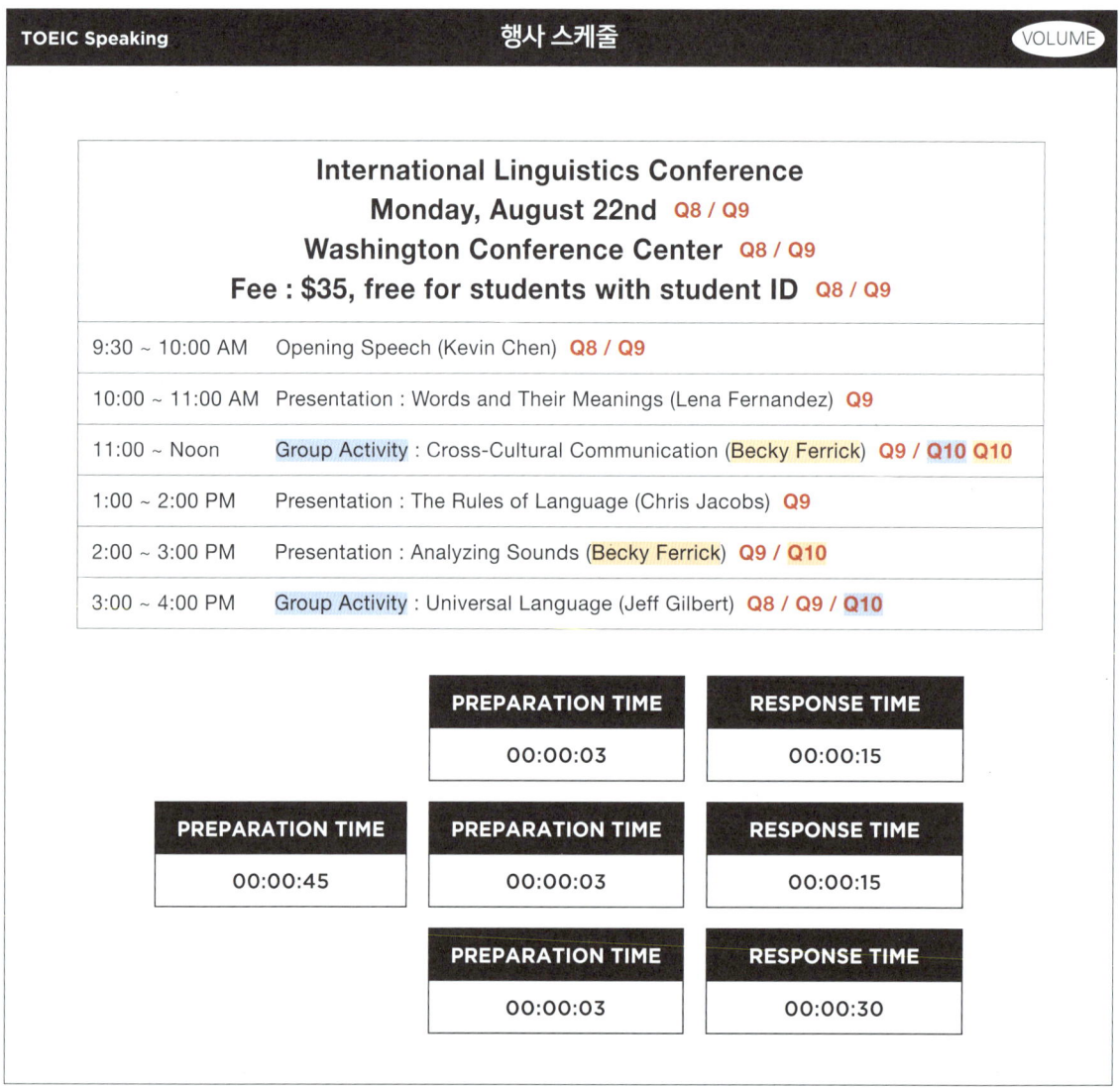

> **소개문:** Hi, this is David Lee. I'm a student and I'm interested in attending the International Linguistics Conference. But I have a few questions about the schedule.
>
> 안녕하세요, 저는 David Lee입니다. 저는 학생이며 이 국제 언어학 컨퍼런스에 참석하고 싶습니다. 일정과 관련하여 몇 가지 질문이 있습니다.

▌만점 답변 기술 1_ 표 분석하여 질문 예상하기

Q8. 8번 문항의 최다 빈출 요소 : 표의 헤드 부분 정보 / 첫 번째 일정 / 마지막 일정
→ 위 표에서는 요일/날짜/장소/가격 / 9:30~10:00 AM 일정 / 3:00~4:00 PM 일정 관련 문제가 출제될 확률이 가장 높습니다.

Q9. 9번 문항의 최다 빈출 요소 : 정보 정정 / 취소 및 연기된 일정 / 표 밑 추가 정보 등 눈에 띄는 일정
→ 이 중 출제율 압도적 1위는 '정보 정정'입니다. '나는 ~라고 알고 있습니다. 맞나요?'라고 묻는 질문이 가장 많이 출제되며, '아, 그것이 아니고 이것입니다.'와 같은 답변을 요구합니다. '정보 정정' 유형의 질문은 표의 어떤 부분에서 출제될지 추측하기 어려운 경우가 많습니다.

Q10. 10번 문항의 최다 빈출 요소 : 공통된 정보가 포함된 일정 / 점심 시간이나 특정 시간 전, 후 일정 / 하나의 제목으로 묶여진 두세 개의 세부 사항 (두 번 반복되는 단어에 대해 물어보는 질문이 가장 많이 출제됩니다.)
→ 위 표에서는 출제될 확률이 압도적으로 가장 높은 것이 두 번씩 보이는 Group activity와 Becky Ferrick에 관련 질문입니다. 해당 단어 관련 내용(일정의 시간, 유형, 주제 등)을 다 말해 주면 됩니다. **Q10 Q10**

Q8. On what date will the conference take place and where will it be held?
이 컨퍼런스는 며칠에 진행되며, 어디에서 열리나요?

▌만점 답변 기술 2_ 답변 만들기 공식

· 질문이 두 개이므로 이 두 가지 질문에 대한 답변을 모두 해 주어야 만점이 가능합니다.
· 날짜와 장소를 물어보는 질문이므로 date과 where라는 단어가 들어 있습니다.
· 날짜를 물었는지 요일을 물었는지 헷갈린다면 날짜와 요일 둘 다 말해 주면 됩니다.
· PART 4 답변에서 가장 많이 쓰이는 take place 나 be held를 사용하여 답변을 할 수 있습니다.
· 요일, 날짜 앞에 on, 회사, 학교 등 건물 앞에 at을 꼭 넣어서 답변을 해야 합니다.

만점 답변 🎧 MP3 P4_답변 1_Q8 (해석: 해설집 p. 19 참고)

The conference will take place on Monday, August 22nd. It will be held at the Washington Conference Center.

Q9. I heard the fee is 35 dollars for all attendees. Is that right?

입장료는 참석자들 모두 35달러라고 들었습니다. 맞나요?

▌만점 답변 기술 2_ 답변 만들기 공식

· 질문의 마지막에 Is that right?라고 묻고 있습니다. 대부분의 9번 문제는 무언가를 정정해야 하는 요소가 포함되어 있습니다.

· 'all attendees(모든 참여자)에게 35 dollars입니까?'라는 질문의 답변으로 꼭! 포함되어 있어야 하는 내용은 'student ID 있는 학생들에게는 무료다'입니다.

만점 답변 🎧MP3 P4_답변 1_Q9 (해석: 해설집 p. 19 참고)

Actually, it is free for students with a student ID. It is 35 dollars for everyone else.

Q10. I'm looking forward to hearing Becky Ferrick talk at the conference. Can you give me all the details about the sessions led by Becky Ferrick?

이 컨퍼런스에서 Becky Ferrick의 강연을 듣는 것을 굉장히 고대하고 있습니다. Becky Ferrick이 진행하는 세션들의 세부 사항을 모두 알려 주실 수 있나요?

▌만점 답변 기술 2_ 답변 만들기 공식

· 답변 속 첫 일정 관련 문장을 시작할 때는 First 나 First of all, 두 번째 일정 관련 문장을 시작할 때는 Then이나 And then 등의 표현을 사용하면 더욱 정리된 답변이 됩니다.

· 15초 답변을 요구하는 Q8, Q9과 다르게 Q10은 30초의 시간을 너무 많이 남기면 감점의 요소가 됩니다. 시간이 남는다면 마지막에 '그래서 Becky Ferrick 이 두 개의 세션을 진행하는 것으로 보입니다.' 와 같이 이전 문장들을 묶어 주는 표현을 추가할 수 있습니다.

· 한 문장을 두 개나 세 개의 문장으로 늘려 말하는 것도 좋은 방법입니다. 예를 들어, 'Becky Ferrick will lead a group activity on cross-cultural communication from 11am to noon.'을 늘리고 싶다면 앞에서 배운 문장 만들기 기본 공식을 활용하여 'There will be a group activity on cross-cultural communication. This session will take place from 11am to noon. And it will be led by Becky Ferrick.' 이런 식으로 바꿔 줄 수 있습니다.

만점 답변 🎧MP3 P4_답변 1_Q10 (해석: 해설집 p. 19 참고)

Sure. First, Becky Ferrick will lead a group activity on cross-cultural communication from 11AM to noon. Then, from 2 to 3PM, there will be a presentation about analyzing sounds given by Becky Ferrick. So it looks like she will lead two sessions.

시역 센터, 학교, 도서관과 같은 주최 기관에서 미술 수업, 컴퓨터 수업, 요리 수업, 언어 수업 등의 일정을 소개하는 정보입니다. 답변을 만들 때 '유형 1 행사 스케줄'과 겹치는 요소가 많지만 수업 스케줄에만 해당하는 고유의 기술들이 존재합니다.

TOEIC Speaking   **수업 스케줄**   (VOLUME)

St. Paul Community Center
Art class schedule:
Winter Program dates: Dec. 31 – Feb. 12 Q8 / Q9
Tuition: $220 / per class Q8 / Q9

	Class Name	Day of the week	Class Time	Instructor
Q9	Beginning watercolor Q10	Tuesdays	9:00 – 11:00 A.M. Q10	Jane Walker
Q9	Advanced sculpture	Wednesdays	5:00 – 7:00 P.M.	Paul Bauer
Q9	Advanced photography	Thursdays	5:00 – 7:00 P.M.	Liam Davis
Q9	Beginning watercolor Q10	Fridays	9:00 – 11:00 A.M. Q10	Sarah Wilson
Q9	Advanced graphic design	Saturdays	5:00 – 7:00 P.M.	Bill Miller

PREPARATION TIME	RESPONSE TIME
00:00:03	00:00:15

PREPARATION TIME	PREPARATION TIME	RESPONSE TIME
00:00:45	00:00:03	00:00:15

PREPARATION TIME	RESPONSE TIME
00:00:03	00:00:30

PART 4

▌ 만점 답변 기술 1_ 표 분석하여 질문 예상하기

Q8. 8번 문항의 최다 빈출 요소 : 표의 헤드 부분 정보 / 첫 번째 일정 / 마지막 일정

→ 위 표에서는 날짜/가격 관련 문제가 출제될 확률이 가장 높습니다. 유형2 수업 스케줄은 주로 하루에 열리는 일정이 아니기 때문에 '이날의 첫 일정이 몇 시에 시작하나요?' 혹은 '모든 일정이 몇 시에 끝나나요?'와 같은 질문이 나올 수 없습니다. 'Advanced sculpture 수업은 누가 진행하며 무슨 요일에 열리나요?' 'Beginning watercolor 수업은 몇 시에 시작하나요?' 등처럼 모든 일정의 출제 확률이 동일해집니다.

Q9. 9번 문항의 최다 빈출 요소 : 정보 정정 / 취소 및 연기된 일정 / 표 밑 추가 정보 등 눈에 띄는 일정

→ 'Advanced sculpture 수업이 토요일에 진행된다고 들었습니다. 맞나요?' 'Tuition이 300불이라고 들었습니다. 다시 한번 확인해 주실 수 있나요?'와 같은 질문이 출제될 수 있습니다.

Q10. 10번 문항의 최다 빈출 요소 : 공통된 정보가 포함된 일정 / 점심 시간이나 특정 시간 전, 후 일정 / 하나의 제목으로 묶여진 두세 개의 세부 사항 (두 번 반복되는 단어에 대해 물어보는 질문이 가장 많이 출제됩니다.)

→ beginning이라는 단어가 두 번 보이기 때문에 굉장히 유력한 질문 후보입니다. 또한 오전 수업 두 개, 오후 수업 세 개가 보이죠? '오전 수업'에 대해 질문할 확률이 '오후 수업'에 대해 질문할 확률에 비해 훨씬! 높다는 걸 알아채야 합니다. **Q10 Q10**

→ 한 명의 강사 이름이 두 번 보이거나 동일한 요일이 두 번 보인다면 당연히 출제를 염두에 두어야 하나 위 표에서는 해당 사항 없습니다.

Q8. On what date does the winter program start, and how much does each class cost?

이 겨울 프로그램이 며칠에 시작하며, 각 수업의 수강료가 얼마인가요?

만점 답변 기술 2_ 답변 만들기 공식

· 질문이 두 개이므로 이 두 가지 질문에 대한 답변을 모두 해 주어야 만점이 가능합니다.

· 날짜와 가격을 물어보는 질문이므로 date과 how much라는 단어가 들어 있습니다.

· The program will start ~ / The program starts ~ / The program is going to start ~ / The program will take place ~ / The program will be held ~처럼 만점 답변을 시작하는 방법은 다양합니다.

· 질문에 date 뒤에 start가 나왔기 때문에 시작 날짜만 답하면 만점이 가능하나 start를 듣지 못하고 놓쳤다면 'from 날짜 to 날짜'와 같이 시작 날짜와 끝 날짜를 다 말하면 됩니다.

· 가격을 묻는 질문에 대한 답변으로는 정보의 내용을 활용하여 'The tuition is 얼마.'라고 답하면 됩니다.

만점 답변 🎧 MP3 P4_답변 2_Q8 (해석: 해설집 p. 21 참고)

The program starts on December 31st and the tuition is 220 dollars per class.

Q9. I heard that you offer some classes on Sundays as well. Could you confirm that for me?

일요일에도 수업이 진행된다고 들었습니다. 확인해 주실 수 있나요?

만점 답변 기술 2_ 답변 만들기 공식

· 'Sundays에도 수업이 있나요?'와 같은 질문을 들으면 표 안에 Sundays라는 단어가 있는데 내 눈에만 안 보이는 것 같은 불안함이 들 수 있습니다. 올바르지 않은 정보를 정정해야 하는 것이 9번 문제의 최다 빈출 유형이라는 것을 인지하고 있어야 그런 불안감을 떨쳐버릴 수 있습니다.

· 'Sundays에는 수업이 없다' 라고 간단하게 답해 주면 됩니다. 셀 수 있는 명사라면 no 뒤에 복수형을 사용하세요. (no classes)

만점 답변 🎧 MP3 P4_답변 2_Q9 (해석: 해설집 p. 21 참고)

Actually, there are no classes on Sundays.

PART 4

Q10. I don't have any previous experience with art. Could you give me all the information you have about your classes for beginners?

저는 미술 분야 경험이 전혀 없어요. 초보자를 위한 수업과 관련된 정보를 모두 알려 주시겠어요?

▌ 만점 답변 기술 2_ 답변 만들기 공식

· 표에는 beginning이라고 기재되어 있고 질문에는 beginners가 출제될 수도 있습니다. 질문의 난이도를 살짝 올리기 위해 사용되는 방법입니다. 당황하지 말고 해당 단어 관련 내용(수업의 시간, 요일, 강사 등)을 다 말해 주면 됩니다.

· 표 안의 Beginning watercolor라는 수업 주제를 a watercolor class for beginners처럼 말로 풀어 주는 방식은 유창성을 한껏 보여 줄 수 있는 기술이지만 만점을 받기 위한 필수 사항은 아닙니다. 일단 한번 도전해 보고 입에 잘 붙지 않는다면 a class on beginning watercolor와 같이 친숙한 표현을 사용하여 답하면 됩니다.

· 시간이 많이 남는다면 '그래서 초보자를 위한 두 종류의 수업이 있는 것으로 보입니다.'와 같이 이전 문장들을 묶어 주는 표현을 추가할 수 있습니다.

만점 답변 🎧 MP3 P4_답변 2_Q10 (해석: 해설집 p. 21 참고)

Sure. First, there will be a watercolor class for beginners on Tuesdays from 9 to 11am. The instructor is Jane Walker. Also, there is going to be an oil painting class for beginners on Fridays from 9 to 11am. The instructor is Sarah Wilson. So, it looks like there are 2 kinds of classes for beginners in total.

면접자 이름, 지원하는 직책이나 직종, 면접 시간 등을 나열해 놓은 인터뷰 스케줄 유형입니다. 꾸준히 출제되는 유형이고, 행사 스케줄, 수업 스케줄에 대한 연습만으로는 좋은 답변을 만들기가 어려우므로 꼭 따로 공부해야 합니다.

TOEIC Speaking　　　　　　　　　**인터뷰 스케줄**　　　　　　　(VOLUME)

Washington Post Newspaper
Job Interview Schedule: Friday, July 28th 9:30-1:30 Q8 / Q9
Location: Seminar Room A, 5th floor, Hampton Building Q8 / Q9

	Time	Applicants	Desired Position	Current Employer
Q8 / Q9	9:30~10:00	Susan Miles	graphic designer Q10	Porcelain Designs
Q9	10:00~10:30	Hannah Nelson	design editor Q10	Fashion Week Magazine Q10
Q9	10:30~11:00	Louis Roberts	news reporter Q10	BTC News Corporation
Q9	11:00~11:30	Stephanie Carter	assistant designer Q10	Central Times Inc.
Q9	11:30~12:00	Lily Hill	news reporter Q10	Voice Newspaper
Q8 / Q9	1:00~1:30	Daniel Richard	sports editor Q10	All About Athletes Magazine Q10
Q9	Materials for the interviews (available to be picked up at Human Resources)			

PREPARATION TIME
00:00:03

RESPONSE TIME
00:00:15

PREPARATION TIME
00:00:45

PREPARATION TIME
00:00:03

RESPONSE TIME
00:00:15

PREPARATION TIME
00:00:03

RESPONSE TIME
00:00:30

> 소개문: Hello, my name is Sam Wright. I'm one of the interviewers and I have some questions.
>
> 안녕하세요, 저는 Sam Wright입니다. 면접관 중 한 명인데 몇 가지 질문이 있습니다.
>
> → 시험마다 소개문이 다릅니다. 그러나 결론적으로 모든 소개문은 '질문에 답해달라'는 내용입니다. 소개문이 듣기로 나올 때 설령 이해를 못했다 해도 질문을 답하는 데는 문제가 되지 않습니다.

▌만점 답변 기술 1_ 표 분석하여 질문 예상하기

Q8. 8번 문항의 최다 빈출 요소 : 표의 헤드 부분 정보 / 첫 번째 일정 / 마지막 일정

→ 위 표에서는 요일/날짜/시간/장소 / 9:30~10:00 일정 / 1:00~1:30 일정 관련 문제가 출제될 확률이 가장 높습니다.

Q9. 9번 문항의 최다 빈출 요소 : 정보 정정 / 취소 및 연기된 일정 / 표 밑 추가 정보 등 눈에 띄는 일정

→ '나는 ~라고 알고 있습니다. 맞나요?'라는 질문에 '아, 그것이 아니고 이것입니다.'와 같은 답변을 하는 것이 압도적으로 자주 출제되는 유형이라고 앞에서 설명하였습니다. 그러나 가끔! 물어본 것에 대해 '단순한 답변'을 하면 되는 질문이 나올 때가 있습니다. 이런 경우라 하더라도 괄호가 포함된 가장 마지막 줄과 같이 눈에 띄는 부분에서 문제가 출제될 확률이 조금 더 높습니다.

Q10. 10번 문항의 최다 빈출 요소 : 공통된 정보가 포함된 일정 / 점심 시간이나 특정 시간 전, 후 일정 / 하나의 제목으로 묶여진 두세 개의 세부 사항 (두 번 반복되는 단어에 대해 물어보는 질문이 가장 많이 출제됩니다.)

→ designer **Q10** / editor **Q10** / reporter **Q10** / Magazine **Q10** 이 단어들이 두 번씩 보입니다. 질문의 유력한 후보입니다!

→ '오전 스케줄에 대해 알려 주시겠어요?' '오후 스케줄에 대해 알려 주시겠어요?'라는 질문도 꽤 자주 접할 수 있습니다. 그러나 위 표를 보면 오전 스케줄이 무려 다섯 줄, 오후 스케줄은 고작 한 줄뿐이므로, 출제 확률은 0%에 가깝습니다.

> **Q8.** Where are the interviews going to be held, and what time does the first session start?
>
> 면접이 어디에서 진행될 예정이며, 첫 일정은 몇 시에 시작하나요?

█ 만점 답변 기술 2_ 답변 만들기 공식

· 질문이 두 개이므로 이 두 가지 질문에 대한 답변을 모두 해주어야 만점이 가능합니다.

· 장소와 시간을 물어보는 질문이므로 Where와 what time이라는 단어가 들어 있습니다.

· 표에 제시된 '장소'에서 열리는 인터뷰가 하나가 아니기 때문에 'The interviews are going to be held ~'와 같이 문장을 시작할 수 있습니다. 'The interviews will be held ~'라고 답한다면 be 동사를 is로 해야 할지 are로 해야 할지 고민하지 않아도 됩니다.

· 첫 일정의 '시작 시간'을 묻는 질문에 대한 답변으로 'from 몇 시 to 몇 시'와 같이 시작 시간과 끝 시간을 다 말해도 됩니다.

만점 답변 🎧 MP3 P4_답변 3_Q8 (해석: 해설집 p. 23 참고)

The interviews are going to be held in Seminar Room A on the 5th floor of the Hampton Building. And the first session starts at 9:30 A.M.

> **Q9.** Is it possible to get materials for the interviews?
>
> 면접 관련 자료를 받는 것이 가능한가요?

█ 만점 답변 기술 2_ 답변 만들기 공식

· 시험장에서 9번 문제 답변을 시작할 때 일단 No!라고 외치고 보는 응시자들이 꽤 많습니다. 9번 문제의 출제율 1위 유형만 연습했을 가능성이 높은 경우입니다. 물어본 것에 대해 '단순한 답변'을 하면 되는 질문이 나올 때가 있다는 것을 꼭 기억해야 합니다.

· 표 안의 정보에 be 동사 하나만 넣어 주면 완벽한 답변이 만들어집니다.

만점 답변 🎧 MP3 P4_답변 3_Q9 (해석: 해설집 p. 23 참고)

Yes, materials for the interviews are available to be picked up at Human Resources.

PART 4

Q10. Could you please tell me about the interview schedules for editorial positions?

편집 관련 직책의 면접 일정에 대해 말해 주시겠어요?

▌ 만점 답변 기술 2_ 답변 만들기 공식

· 표에는 editor라고 기재되어 있지만, 질문에는 editorial positions이 출제될 수 있습니다. 질문의 난이도를 살짝 올리기 위해 사용되는 방법입니다. 이때는 해당 단어 관련 내용들(인터뷰 시간, 지원자 이름, 현재 일하고 있는 회사 등)을 다 말해 주면 됩니다.

· 앞에서 언급했듯이 다양한 문장 구조를 구사하는 것은 가산점의 확률을 높여 줍니다. 'You will interview 지원자 이름' / '지원자 이름 will be interviewed' 등과 같이 다양한 방식에 도전해 보세요.

· 전치사의 역할이 굉장히 중요합니다. 'from 몇 시 to 몇 시, you will interview 지원자 이름 for 지원한 직책/직종'과 같은 인터뷰 스케줄 답변 만들기 공식을 잘 숙지하여 실수가 없도록 해야 합니다.

만점 답변 🎧MP3 P4_답변 3_Q10 (해석: 해설집 p. 23 참고)

Sure. First, from 10 to 10:30, you'll interview Hannah Nelson for the design editor position. Her current employer is Fashion Week Magazine. Then from 1 to 1:30, Daniel Richard will be interviewed for the sports editor position. His current employer is All about Athletes Magazine.

🎧 MP3 P4 _ 실전 1

International Linguistics Conference
Monday, August 22nd
Washington Conference Center
Fee : $35, free for students with student ID

9:30 ~ 10:00 AM	Opening Speech (Kevin Chen)
10:00 ~ 11:00 AM	Presentation : Words and Their Meanings (Lena Fernandez)
11:00 ~ Noon	Group Activity : Cross-Cultural Communication (Becky Ferrick)
1:00 ~ 2:00 PM	Presentation : The Rules of Language (Chris Jacobs)
2:00 ~ 3:00 PM	Presentation : Analyzing Sounds (Becky Ferrick)
3:00 ~ 4:00 PM	Group Activity : Universal Language (Jeff Gilbert)

PREPARATION TIME	RESPONSE TIME
00:00:03	00:00:15

PREPARATION TIME	PREPARATION TIME	RESPONSE TIME
00:00:45	00:00:03	00:00:15

PREPARATION TIME	RESPONSE TIME
00:00:03	00:00:30

PART 4

St. Paul Community Center
Art class schedule:
Winter Program dates: Dec. 31 – Feb. 12
Tuition: $220 / per class

Class Name	Day of the week	Class Time	Instructor
Beginning watercolor	Tuesdays	9:00 – 11:00 A.M.	Jane Walker
Advanced sculpture	Wednesdays	5:00 – 7:00 P.M.	Paul Bauer
Advanced photography	Thursdays	5:00 – 7:00 P.M.	Liam Davis
Beginning oil painting	Fridays	9:00 – 11:00 A.M.	Sarah Wilson
Advanced graphic design	Saturdays	5:00 – 7:00 P.M.	Bill Miller

PREPARATION TIME	RESPONSE TIME
00:00:03	00:00:15

PREPARATION TIME	PREPARATION TIME	RESPONSE TIME
00:00:45	00:00:03	00:00:15

PREPARATION TIME	RESPONSE TIME
00:00:03	00:00:30

TOEIC Speaking　　　　　　　　　**TEST 3**　　　　　　　　　　VOLUME

Washington Post Newspaper
Job Interview Schedule: Friday, July 28th 9:30-1:30
Location: Seminar Room A, 5th floor, Hampton Building

Time	Applicants	Desired Position	Current Employer
9:30~10:00	Susan Miles	graphic designer	Porcelain Designs
10:00~10:30	Hannah Nelson	design editor	Fashion Week Magazine
10:30~11:00	Louis Roberts	news reporter	BTC News Corporation
11:00~11:30	Stephanie Carter	assistant designer	Central Times Inc.
11:30~12:00	Lily Hill	news reporter	Voice Newspaper
1:00~1:30	Daniel Richard	sports editor	All About Athletes Magazine

Materials for the interviews (available to be picked up at Human Resources)

PREPARATION TIME	RESPONSE TIME
00:00:03	00:00:15

PREPARATION TIME	PREPARATION TIME	RESPONSE TIME
00:00:45	00:00:03	00:00:15

PREPARATION TIME	RESPONSE TIME
00:00:03	00:00:30

PART 4

Express an Opinion

의견 제시하기

☑ Q11, 총 1문제

☑ 발음, 억양, 강세, 문법, 어휘, 일관성, 완성도 중요

⏱ 준비 시간 45초

🎙 답변 시간 60초

PART 5 소개

※ 실전 시험 노하우

· 문제를 읽고 적절한 이유를 순발력 있게 떠올리는 연습을 해야 합니다.

· 이유는 2개 이상을 생각하고, 그 이유에 대한 부연 설명을 해주는 것이 좋습니다.

· 기본 템플릿 표현을 시험 전 많이 연습하여 첫 문장과 끝 문장에서는 실수가 없도록 합니다.

· 시간에 대한 감점이 있으므로, 답변 시간에 딱 맞춰 답변을 마무리하는 연습을 합니다.

· 빈출 질문에 대한 모범 답변은 미리 숙지해 두도록 합니다.

※ 실전 시험 예시

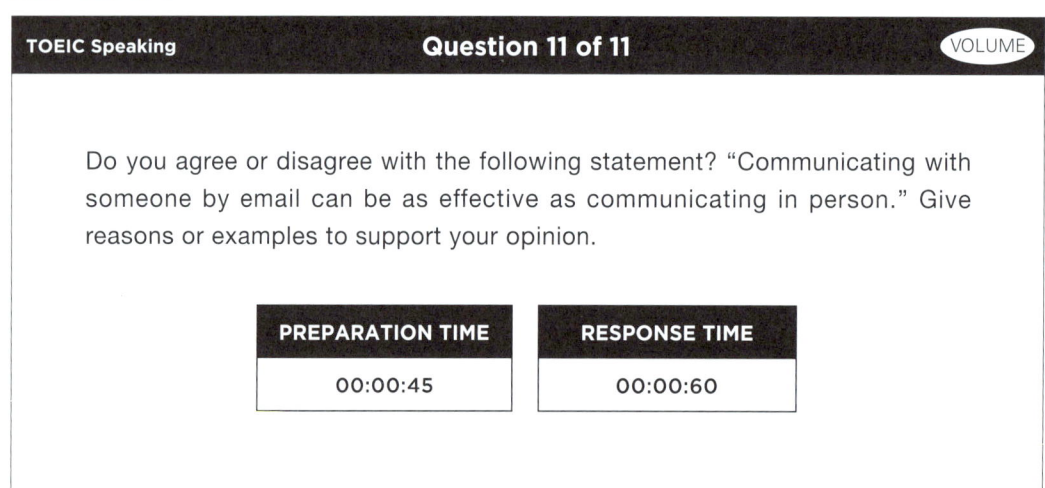

TOEIC Speaking	Question 11 of 11	VOLUME

Do you agree or disagree with the following statement? "Communicating with someone by email can be as effective as communicating in person." Give reasons or examples to support your opinion.

PREPARATION TIME	RESPONSE TIME
00:00:45	00:00:60

PART 5 만점 답변 기술 1

첫 문장/끝 문장 구상하기

 만점 답변 기술

Question 11 (60초)

Opening Sentence (첫 문장)

Reason 1 (첫 번째 이유) + 부연 설명

Reason 2 (두 번째 이유) + 부연 설명

Reason 3 (세 번째 이유) + 부연 설명

Closing Sentence (끝 문장)

빨간색으로 표기된 부분은 선택 사항입니다. 이 중 하나 혹은 두 개를 선택하여 답변 시간을 꽉 채워 주세요.

1 첫 문장/끝 문장 구상하기

→ 토익스피킹 시험을 준비하는 많은 사람들이 파트 5가 가장 어렵다고 합니다. "아이디어가 잽싸게 떠오르지 않아요.", "아이디어는 두어 개 떠오르는데 순발력 있게 영작이 되지 않아요."라고 말하며 고민을 합니다. 이런 고민은 어떤 질문이 나오더라도 '첫 문장/끝 문장'을 완벽하게 답변할 수 있게 연습하고 나면 저절로 사라집니다.

→ '첫 문장/끝 문장'은 답변의 '서론/결론'이라 할 수 있는데, 이것만 잘해도 점수 3분의 1은 이미 따 놓은 것입니다.

Part 5 대표 유형

① 동의/비동의 유형

② 양자 택일 유형

③ 3개 옵션 유형

④ 일반 의문문 유형

⑤ 장점/단점 유형

Do you agree or disagree with the following statement? "Communicating with someone by email can be as effective as communicating in person." Give reasons or examples to support your opinion.

다음 의견에 동의하십니까? 동의하지 않으십니까? "이메일로 누군가와 소통하는 것은 직접 소통하는 것만큼 효과적일 수 있다." 이유나 예시를 들어 의견을 설명하세요.

첫 문장 I agree with the following statement, "Communicating with someone by email can be as effective as communicating in person." And I have a few reasons for thinking this.
(저는 "이메일로 누군가와 소통하는 것은 직접 소통하는 것만큼 효과적일 수 있다"라는 의견에 동의합니다. 이렇게 생각하는 데에는 몇 가지 이유가 있는데요.)

끝 문장 So, these are the main reasons why I agree with the following statement, "Communicating with someone by email can be as effective as communicating in person."
(이런 이유들로 저는 "이메일로 누군가와 소통하는 것은 직접 소통하는 것만큼 효과적일 수 있다"라는 의견에 동의합니다.)

---

2. 양자 택일 유형

If you were learning a new language, which way would you prefer: taking a course in a classroom with a teacher or taking an online course? Why? Give reasons or examples to support your opinion.

당신이 만약 새로운 언어를 배운다면, 교실에서 선생님과 함께 하는 수업을 수강하는 것과 온라인 수업을 수강하는 것 중 무엇을 선호하나요? 왜 그런가요? 이유나 예시를 들어 의견을 설명하세요.

첫 문장 If I were learning a new language, I would prefer taking a course in a classroom with a teacher. I have a few reasons for this.
(제가 만약 새로운 언어를 배운다면 교실에서 선생님과 함께 하는 수업을 수강하는 것을 선호합니다. 몇 가지 이유가 있는데요.)

끝 문장 So, these are the main reasons why I would prefer taking a course in a classroom with a teacher if I were learning a new language.
(이런 이유들로 저는 새로운 언어를 배운다면 교실에서 선생님과 함께 하는 수업을 수강하는 것을 선호합니다.)

---

3. 3개 옵션 유형

In your opinion, which of the following people is the best person to ask for advice before you make an important decision? Choose one of the options provided below and use specific reasons and examples to support your choice.
- A supervisor
- A family member
- A friend

중요한 결정을 하기 전에 다음 중 어떤 사람이 조언을 구하기 가장 좋은 사람이라고 생각하십니까? 아래 제시된 옵션들 중 하나를 선택하여 상세한 이유와 예시를 들어 의견을 설명하세요.
– 직장 상사 – 가족 – 친구

첫 문장 In my opinion, the best person to ask for advice before I make an important decision is a family member. I have several reasons for this.
(저는 중요한 결정을 하기 전에 조언을 구하기 가장 좋은 사람이 가족이라고 생각합니다. 몇 가지 이유가 있는데요.)

끝 문장 These are the main reasons why I think the best person to ask for advice is a family member.
(이런 이유들로 저는 조언을 구하기 가장 좋은 사람은 가족이라고 생각합니다.)

---

4. 일반 의문형 유형

Do you think it's a good idea for children to learn how to cook? Why or Why not? Give specific reasons and examples to support your opinion.

아이들이 요리를 배우는 것이 좋은 아이디어라고 생각하나요? 그렇거나 그렇지 않은 이유는 무엇인가요? 이유와 예시를 들어 의견을 설명하세요.

첫 문장 I think it's a good idea for children to learn how to cook. And I have a few reasons for thinking this.
(저는 아이들이 요리를 배우는 것이 좋은 아이디어라고 생각합니다. 이렇게 생각하는 데는 몇 가지 이유가 있습니다.)

끝 문장 So, these are the main reasons why I think it's a good idea for children to learn how to cook.
(이런 이유들로 저는 아이들 이 요리를 배우는 것이 좋은 아이디어라고 생각합니다.)

---

5. 장점/단점 유형

For a company, what are the disadvantages of letting employees use the Internet during their work hours? Give reasons or examples to support your opinion.

회사 입장에서 직원들이 업무 시간에 인터넷을 사용할 수 있도록 허용하는 것의 단점은 무엇일까요? 이유와 예시를 들어 의견을 설명하세요.

첫 문장 There are several disadvantages of letting employees use the Internet during their work hours. Let me explain the main disadvantages.
(직원들이 업무 시간에 인터넷을 사용할 수 있도록 허용하는 것에는 여러 가지 단점이 있습니다. 주요 단점들을 설명하겠습니다.)

끝 문장 So, these are the main disadvantages of letting employees use the Internet during their work hours.
(이런 것들이 직원들이 업무 시간에 인터넷을 사용할 수 있도록 허용하는 것의 주된 단점들입니다.)

➜ disadvantages, advantages / ways / things / purposes / aspects / factors라는 단어가 시험 문제에 보이면 동일한 방식으로 **첫 문장** **끝 문장**을 진행하는 것이 좋습니다.

만점 답변 기술

→ PART 3에서 배웠던 표현들을 PART 5에서도 유용하게 사용할 수 있습니다.

2 **PART 3와 PART 5에 꼭! 필요한 필수 표현/어휘 활용하기**

1. 돌려쓰기 표현

① 시간/흥미/취미/관심사 관련 문제 출제 시 돌려쓰기 표현

☑ 시간/흥미/취미/관심이 없는 경우

→ I am very busy at work these days. I have a lot of new projects at work.
(요즘 회사가 엄청 바빠요. 새로운 프로젝트가 많거든요.)

→ Personally, I'm not very interested in _____. (개인적으로 _____에 관심이 별로 없어요.)

→ There are no _____s near where I live. (제가 사는 곳 가까이에는 _____가 없어요.)

☑ 시간/흥미/취미/관심이 있는 경우

→ Personally, I'm very interested in _____. (개인적으로 _____에 관심이 많아요.)

→ _____ is one of my favorite hobbies. (_____는 제가 가장 좋아하는 취미 중 하나입니다.)

→ _____ always enhances my mood. (_____는 언제나 제 기분을 향상시켜 줍니다)

→ _____ always relieves my stress. (_____는 언제나 제 스트레스를 풀어 줍니다.)

→ Personally, I have a lot of free time these days. (개인적으로 요즘 남는 시간이 많아요.)

→ There is a great _____ near where I live / only 5 minutes away from where I live.
(우리 집 가까이 / 우리 집에서 5분 거리에 굉장히 좋은 _____ 이 있어요.)

② 실내 or 실외 관련 문제 출제 시 돌려쓰기 표현

☑ 실내

→ I don't have to worry about bad weather / walking back and forth / wasting time / setting up a place to meet.
(안 좋은 날씨 / 왔다 갔다 걷는 것 / 시간 낭비하는 것 / 만날 장소 정하는 것에 대해 걱정하지 않아도 됩니다.)

→ Personally, I can concentrate much better when I'm inside.
(개인적으로, 실내에 있을 때 집중이 더 잘돼요.)

☑ 실외

→ I can get fresh air while S + V. (예 <u>I enjoy the concert</u>)

(_____를 하는 동안 신선한 공기를 즐길 수 있습니다.)

→ Personally, I can concentrate much better when I'm <u>outside</u>.

(개인적으로 실외에 있을 때 집중이 니 잘 돼요.)

③ '혼자' or '함께' 관련 문제 출제 시 돌려쓰기 표현

☑ 혼자

→ I can concentrate much better when I _____ (예 <u>have my own office</u>.)

(_____하면 집중이 훨씬 잘돼요.)

→ Managing 누구's (my / your / their / one's) time becomes easier. (So, 누구 would be able to start, finish or take a break whenever 누구 (I / you / he / she / they) want(s).

('누구'의 시간을 관리하는 것이 더 쉬워집니다. (그래서, '누구'는 자기가 원할 때 시작하고, 끝내고, 휴식할 수 있습니다.))

→ Personally, I am an introverted person. {I feel more comfortable when I am by myself.}

(개인적으로, 저는 내성적인 사람입니다. {혼자 있을 때 더 편안함을 느껴요.})

☑ 함께

→ 누구 and I can share useful information about _____.

('누구' 와 저는 _____에 관한 유용한 정보를 공유할 수 있어요.)

→ If I have questions about something, I can ask 누구.

(무언가에 대해 질문이 있다면 '누구'에게 물어볼 수 있습니다.)

→ Spending time with other people is more fun than being alone.

(혼자 있는 것보다 다른 사람들과 함께 시간을 보내는 것이 더 즐겁습니다.)

→ Personally, I am an extroverted person. {I feel more comfortable when I'm with people.})

(개인적으로, 저는 외향적인 사람이에요. {사람들과 함께일 때 더 편안함을 느껴요.})

④ 서비스나 시스템 향상 여부 관련 문제 출제 시 돌려쓰기 표현

☑ 향상 필요 없어요

→ There are many _____s in my area already. (이미 우리 동네에는 이미 _____가 많아요.)

→ People in my area are not very interested in _____(s).

(우리 지역 주민들은 _____에 관심이 별로 없어요.)

☑ 향상 필요해요

→ There are not many _____s in my area. (우리 동네에는 _____가 많지 않아요.)

→ People in my area are very interested in _____(s). (우리 지역 주민들은 _____ 에 관심이 많아요.)

→ 업체 / 기관 / they / it should lower the price. (업체/기관/그들은/그것은 가격을 인하해야 합니다.)

→ 업체 / 기관 / they / it should provide <u>great customer service / a good warranty / various options</u>. (업체 / 기관 / 그들은 / 그것은 좋은 CS / 좋은 AS / 다양한 옵션을 제공해야 합니다.)

PART 5

2. 정확한 의사 전달을 위한 말투

· 주어 can <u>동사</u>. ('주어'는 '동사'할 수 있다.)
· 주어 should <u>동사</u>. ('주어'는 '동사'해야 한다.)
· 주어 (would) has/have to <u>동사</u>. ('주어'는 '동사'해야 한다 (해야만 할 것이다).)
· 주어 (would) need/needs to <u>동사</u>. ('주어'는 '동사'해야 할 필요가 있다 (해야 할 필요가 있을 것이다).)
· 주어 (would) want/wants to <u>동사</u>. ('주어'는 '동사'하고 싶어 한다. (하고 싶어 할 것이다))
· 주어 would be able to <u>동사</u>. ('주어'는 '동사'할 수 있을 것이다.)

· 주어 can be <u>형용사</u>. ('주어'는 '<u>형용사</u>'일 수 있다.)
· 주어 should be <u>형용사</u>. ('주어'는 '형용사'여야 한다.)
· 주어 (would) has/have to be <u>형용사</u>. ('주어'는 '형용사'여야 한다(여야만 할 것이다).)
· 주어 (would) need/needs to be <u>형용사</u>. ('주어'는 '형용사'여야 할 필요가 있다(해야 할 필요가 있을 것이다).)
· 주어 (would) want/wants to be <u>형용사</u>. ('주어'는 '형용사'이고 싶어 한다(이고 싶어 할 것이다).)
· 주어 would be able to be <u>형용사</u>. ('주어'는 '<u>형용사</u>'일 수 있을 것이다.)
· 주어 is/are (usually/very/always) <u>형용사</u>. ('주어'는 (주로/아주/항상) '형용사'이다.)

위 문장에 추가할 수 있는 표현
+when 문장 ('문장'인 상황에서는) +if 문장 ('문장'이라면) +because 문장 ('문장'이기 때문에) +in order to 동사 ('동사'하기 위해서 / '동사'할 수 있도록)

3. 추가 표현

→ 좋은 점수를 받을 수 있는 고퀄리티의 추가 표현들!

① A can have a positive effect on B. (A는 B에 긍정적인 영향을 미칠 수 있다.)

예 Exercising can have a positive effect on people's health.
(운동하는 것은 사람들의 건강에 긍정적인 영향을 미칠 수 있다.)

Traveling can have a positive effect on my mood.
(여행은 나의 기분에 긍정적인 영향을 미칠 수 있다.)

② A can have a negative effect on B. (A는 B에 부정적인 영향을 미칠 수 있다.)

· (A / B → '명사' or '~ing')

예 Drinking too much coffee can have a negative effect on sleeping well at night.
(커피를 너무 많이 마시는 것은 밤에 숙면하는 데 부정적인 영향을 미칠 수 있다.)

③ A can protect B from C. (A는 B를 C로부터 보호할 수 있다.)

   예 Having a cell-phone can protect someone from dangerous situations.

     (휴대폰을 갖는 것은 위험한 상황으로부터 누군가를 보호할 수 있다.)

    Recycling can protect the environment from pollution.

     (재활용을 하는 것은 오염으로부터 환경을 보호할 수 있다.)

④ A can distract B from C. (A는 B가 C하는 걸 방해할 수 있다.)

   · (A / B → '명사' or '~ing')

   예 Watching TV at night can distract people from falling asleep at night.

     (밤에 TV를 보는 것은 사람들이 잠드는 것을 방해할 수 있다.)

⑤ It is convenient for (누구) to (동사원형) when / If (문장).

  ((문장)의 경우에, (누구)는 (동사원형)하기가 편리하다.)

   예 It is convenient for people to get information if they use the Internet.

     (그들이 인터넷을 사용하면, (사람들은) 정보를 얻기가 편리합니다.)

⑥ It is inconvenient for (누구) to (동사원형) when / If (문장).

  ((문장)의 경우에, (누구)는 (동사원형)하기가 불편하다.)

   예 It is inconvenient for people to use the subway when it is crowded.

     (지하철이 복잡할 때에, 그것을 이용하는 것은 (사람들에게) 불편합니다.)

⑦ It is difficult for (누구) to (동사원형) when / If (문장).

  ((문장)의 경우에, (누구)는 (동사원형)하기가 어렵다.)

   예 It is difficult for me to concentrate when I study with other people.

     (다른 사람들과 함께 공부할 때, (나는) 집중하기가 어렵습니다.)

⑧ It is easy for (누구) to (동사원형) when / If (문장).

  ((문장)의 경우에, (누구)는 (동사원형)하기가 쉽다.)

   · 상황에 따라 'when / If (문장)' 부분은 생략해도 좋습니다.

   예 It is easy for me to lead a project if my coworkers help me.

     (나의 동료들이 도와준다면, (내가) 프로젝트를 진행하기가 쉽습니다.)

⑨ It is important for (누구) to (동사원형1) in order to (동사원형2).

  ((동사원형2)를 하기 위해 (누구)가 (동사원형1)하는 것이 중요하다.)

   · 상황에 따라 'in order to (동사원형2)' 부분은 생략해도 좋습니다.

   예 It is important for me to learn English in order to travel all over the world.

     (전 세계를 여행하기 위해 영어를 배우는 것은 (나에게) 중요합니다.)

    It is important for people to use the Internet in order to get information.

     (정보를 얻기 위해 인터넷을 사용하는 것은 (사람들에게) 중요합니다.)

    It is important for people to have a good communication skill in order to get along with one

    another. (서로서로 잘 지내기 위해 좋은 커뮤니케이션 실력을 갖는 것은 (사람들에게) 아주 중요합니다.)

⑩ A is directly related to B. (A는 B와 직결된다.)

· (A / B → '명사' or '~ing')

例 Having a good communication skill is directly related to everyone's work efficiency.

(좋은 커뮤니케이션 실력을 갖는 것은 모두의 업무 능률과 직결됩니다.)

Money is directly related to people's quality of life.

(돈은 사람들의 삶의 질과 직결됩니다.)

Getting along with one another is directly related to productivity.

(서로서로 잘 지내는 것은 생산성과 직결됩니다.)

4. 필수 어휘

→ 아직 영작을 걱정하지 마세요. 영작에 대해 고민하기 전에 '명사 하나', '동사 하나'로라도 간단한 아이디어를 순발력 있게 떠올리는 연습을 하는 것이 우선입니다. 23과에서 본론(이유) 만들기에 대해 더 자세히 설명할 예정이니, 그 전에! 자주 사용할 수 있는 어휘 몇 개 먼저 외워 두세요.

감성적 / 예술적 단어

· imagination (상상력)
· creativity (창의력)
· inventiveness (독창성)
· artistic qualities (예술적 감각)

능력 / 실력 단어

· the ability to focus/concentrate (집중할 수 있는 능력)
· intelligence (명석함)
· logical thinking skills (논리적 사고 능력)
· brain development (두뇌 발달)
· the ability to empathize with others (사람들과 공감할 수 있는 능력)
· communication skills (소통 능력)

인성 / 성격 단어

· atmosphere (분위기)
· relationships with others (사람들과의 관계)
· the ability to empathize with others (사람들과 공감할 수 있는 능력)
· communication skills (소통 능력)

만점 답변 기술

3 **45초 준비 시간 동안 본론 아이디어(이유) 2~3개 만들기**

· 키워드를 순발력 있게 떠올리는 연습을 해야 합니다. 아이디어가 없으면 영작이고 뭐고 소용이 없습니다.

· 시험 문제를 접하면 그 질문에 대한 간단한 아이디어를 순발력 있게 만드는 연습이 필요합니다. 실제 시험에서 아이디어 다섯 개, 열 개를 사용할 것은 아니지만 평소에 다양하고 많은 아이디어를 빠른 속도로 떠올리는 연습이 되어야 실제 시험에서 두 개, 세 개의 아이디어를 빠르게 떠올릴 수 있습니다.

· 아래 제시된 질문에 대해 간단한 아이디어가 정리되어 있는데 '나의 아이디어'를 추가적으로 생각하여 추가 아이디어 부분을 채워 주세요.

· 아이디어를 간단하게 정리하는 연습은 실제 시험 준비 시간에 필기해야 하는 요소와 동일합니다.

---

1. 동의/비동의 유형

Do you agree or disagree with the following statement? "Communicating with someone by email can be as effective as communicating in person." Give reasons or examples to support your opinion.

이유1 setting up a place to meet (만날 장소 정하기)
이유2 save time (시간을 아끼다)
이유3 review previous conversations (이전 대화 다시 보다)
추가1 _____
추가2 _____

➡ 위 아이디어를 22과에서 익힌 필수 표현들 중 어떤 표현과 묶을 수 있을지 생각해 보세요.

예를 들어, positive (p. 130 추가 표현 ①) + saving time (이유 2)

준비 시간에 이런 식으로 생각을 재빨리 정리하며 적어 놓으면, 답변 시 'Communicating with someone by email can have a positive effect on saving time.'이라는 문장으로 재탄생할 수 있습니다.

2. 양자 택일 유형

If you were learning a new language, which way would you prefer: taking a course in a classroom with a teacher or taking an online course? Why? Give reasons or examples to support your opinion.

이유 1 questions (질문)

이유 2 information (정보)

이유 3 extroverted (외향적인)

추가 1 _____

추가 2 _____

➡ 위 아이디어를 22과에서 익힌 표현들 중 어떤 표현과 묶을 수 있을지 생각해 보세요.

3. 3개 옵션 유형

In your opinion, which of the following people is the best person to ask for advice before you make an important decision? Choose one of the options provided below and use specific reasons and examples to support your choice.
- A supervisor
- A family member
- A friend

이유 1 know me well (나를 잘 안다)

이유 2 is/are directly related to my family (~은 나의 가족과 직결된다)

이유 3 comfortable (편한)

추가 1 _____

추가 2 _____

➡ 위 아이디어를 22과에서 익힌 표현들 중 어떤 표현과 묶을 수 있을지 생각해 보세요.

4. 일반 의문문 유형

Do you think it's a good idea for children to learn how to cook? Why or Why not? Give specific reasons and examples to support your opinion.

이유 1 stress (스트레스)

이유 2 creativity (창의력)

이유 3 fun (재미있는)

추가 1 _____

추가 2 _____

➡ 위 아이디어를 22과에서 익힌 표현들 중 어떤 표현과 묶을 수 있을지 생각해 보세요.

---

5. 장점/단점 유형

For a company, what are the disadvantages of letting employees use the Internet during their work hours? Give reasons or examples to support your opinion.

이유1	concentrate (집중하다)
이유2	eyes and posture (눈과 자세)
추가1	_____
추가2	_____

➡ 위 아이디어를 22과에서 익힌 표현들 중 어떤 표현과 묶을 수 있을지 생각해 보세요.

---

4 부연 설명

이유 2개를 만들고 시간이 남는다면 세 번째 아이디어를 추가하거나 각 이유에 대해 부연 설명을 추가할 수도 있습니다. 부연 설명은 앞에 말한 '이유'와 내용상으로 관련이 있어야 합니다.

✔ 부연 설명을 만드는 방법

① 필수 표현을 활용

예를 들어 '혼자 / 함께' 관련 질문에서 '함께'를 선택하고 이유를 'Personally, I am an extroverted person. (개인적으로 저는 외향적인 사람입니다.)'이라고 하였다면 그에 대한 부연 설명으로 'Spending time with other people is more fun than being alone. (다른 사람들과 시간을 보내는 것이 혼자 있는 것보다 훨씬 즐겁습니다.)'을 사용할 수 있습니다. 앞에서 익힌 필수 표현은 좋은 '이유'도 되고 좋은 '부연 설명'도 될 수 있습니다. (p. 129 참고)

② 개인적인 경험 소개

'I will share my personal experience as an example. (제 개인적인 경험을 예시로 말해 보도록 하겠습니다.)', 'In my case (제 경우에는)', 'Personally (개인적으로)', 'For me (저는 말이죠)' 등의 표현이 유용하게 쓰입니다. 예를 들어, 가족에게 조언을 얻는 것이 왜 도움이 되는지 말하고 있다면 'I will share my personal experience as an example. In my case, I always talk to my mom when I have a problem. Her advice is very helpful. (제 개인적인 경험을 예시로 말해보겠습니다. 제 경우에는 문제가 있을 때 항상 엄마에게 이야기합니다. 엄마의 조언은 정말 큰 도움이 됩니다.)'과 같은 부연 설명을 만들어 줄 수 있습니다.

---

1. 동의/비동의 유형

Do you agree or disagree with the following statement? "Communicating with someone by email can be as effective as communicating in person." Give reasons or examples to support your opinion.

예 I will share my personal experience as an example. In my case, <u>I always communicate with people by email</u>, and **it is incredibly convenient**.

---

2. 양자 택일 유형

If you were learning a new language, which way would you prefer: taking a course in a classroom with a teacher or taking an online course? Why? Give reasons or examples to support your opinion.

예 I will share my personal experience as an example. In my case, <u>I always take courses in a classroom with a teacher</u>, and **it is incredibly helpful and convenient**.

---

3. 3개 옵션 유형

In your opinion, which of the following people is the best person to ask for advice before you make an important decision? Choose one of the options provided below and use specific reasons and examples to support your choice.
- A supervisor
- A family member
- A friend

예 I will share my personal experience as an example. In my case, <u>I always ask a family member before I make an important decision</u>, and **it is incredibly helpful and time-saving**.

---

4. 일반 의문문 유형

Do you think it's a good idea for children to learn how to cook? Why or Why not? Give specific reasons and examples to support your opinion.

예 I will share my personal experience as an example. In my case, <u>I always teach my children how to cook</u>, and **it is entertaining and fun**.

---

5. 장점/단점 유형

For a company, what are the disadvantages of letting employees use the Internet during their work hours? *Give reasons or examples to support your opinion.*

예 I will share my personal experience as an example. In my case, <u>I spend a lot of time using the internet during my work hours</u>, and **it is sometimes unproductive**.

출제율 1위 문제 유형 답변 템플릿 익히기

① PART 5에 출제되는 문제들은 너무나도 다양하지만 그 중 가장 자주 출제되는 주제에 대한 만점 답변들은 미리 준비하는 것이 좋습니다.

② 아래 예시 질무 답변 속 '본론(이유 1, 이유 2, 이유 3)' 부분은 – 회사나 커리어 관련 / 실력이나 능력 관련 문제 – 출제 시, 굉장히 유용하게 사용할 수 있는 표현들이므로, 꼭 외워 두세요!

출제율 1위 문제 유형

In your opinion, what is the most important thing when working in a team? Choose one of the options below and provide specific reasons or examples to support your opinion.
- A good sense of humor
- Knowledge
- Flexibility

팀으로 일할 때 가장 중요한 것은 무엇입니까? 아래 옵션 중 하나를 선택하고, 상세한 이유나 예시를 들어 의견을 설명하세요.

– 좋은 유머감각 – 지식 – 융통성

첫 문장 I think knowledge is the most important thing when working in a team, and I have a few reasons for this. (지식이 중요)

(저는 다른 이들과 팀으로 일할 때 지식이 가장 중요한 것이라고 생각하고, 여기에는 몇 가지 이유가 있습니다.)

이유 1 First of all, <u>people who have a lot of knowledge</u> can overcome obstacles more effectively and efficiently <u>when working with others</u>. (장애 요인 효과적으로 극복)

(첫 번째로, 지식이 풍부한 사람들은 다른 이들과 함께 일할 때 장애 요소를 좀 더 효과적이고 효율적으로 극복할 수 있습니다.)

이유 2 Also, <u>knowledge</u> allows people to come up with high quality ideas and products. High quality ideas and products are <u>directly related to</u> good results. (좋은 아이디어 + 상품)

(또한, 지식은 사람들이 좋은 아이디어나 상품을 만들 수 있게 해줍니다. 고퀄리티 아이디어와 상품은 좋은 결과와 직결됩니다.)

이유 3 Finally, if problems come up, <u>people with knowledge</u> would be able to think of effective solutions to the problems. (문제 발생 시 효과적인 해결책)

(마지막으로, 문제점 발생 시, 지식이 있는 사람은 그 문제점에 대한 효과적인 해결책을 생각해 낼 수 있을 것입니다.)

끝 문장 So, these are the main reasons why I think knowledge is the most important thing when working in a team. (그래서 지식이 중요)

(이런 이유들로 저는 다른 이들과 팀으로 일할 때 지식이 가장 중요한 것이라고 생각합니다.)

추가 이유 <u>People with knowledge</u> would be able to accomplish more tasks in less time.

(비교적 짧은 시간에 더 많은 일 완수)

(지식이 있는 사람은 비교적 짧은 시간에 더 많은 일을 완수할 수 있을 것입니다.)

Q11 - 유형 1 (동의/비동의)

Do you agree or disagree with the following statement? "Communicating with someone by email can be as effective as communicating in person." Give reasons or examples to support your opinion.

다음 의견에 동의하십니까? 동의하지 않으십니까? "이메일로 누군가와 소통하는 것은 직접 소통하는 것만큼 효과적일 수 있다." 이유나 예시를 들어 의견을 설명하세요.

만점 답변 기술 1_ 첫 문장/끝 문장 구상하기

첫 문장 – 여러 가지 이유로 동의함.
끝 문장 – 이런 이유들로 동의함.

만점 답변 기술 3, 4_ 본론(이유) 만들기 / 부연 설명

이유 1 만날 장소 정하는 것 / 왔다 갔다 이동 걱정 × = 시간 절약
이유 2 이전 대화들 다시 보기 쉬움

점수 팁

➡ agree를 선택한다면 email의 장점을 떠올려야 하는데, 이는 필수 표현에서 접했던 '실내'의 장점과 연관시킬 수 있습니다.

➡ agree / disagree 중 무엇을 선택하더라도 'It is 형용사 for 누구 to 동사'와 같은 필수 표현에 '형용사', '누구', '동사' 자리에 들어갈 단어만 빠르게 생각해 낸다면 다양한 좋은 문장이 나올 수 있습니다. 필요 시 'when 문장', if 문장', 'in order to 동사' 중 하나를 추가할 수 있습니다.

➡ 맥락상 어디에도 잘 어울리는 부연 설명은 이유 1, 이유 2, 이유 3 중 어느 것의 뒤에 붙여도 좋지만, 특정 이유에 대한 부연 설명은 해당 이유와 연결될 수 있도록 답변을 해야 합니다. 'In other words ~'는 '다시 말하자면 ~'이라는 뜻으로 '이유'에서 명시한 내용을 다른 방식으로 다시 한번 말할 때 쓰는 표현입니다. 부연 설명의 기술로 사용 가능한 표현이므로 숙지해 두세요.

만점 답변 🎧 MP3 P5_답변 1_Q11 (해석: 해설집 p. 24 참고)

첫 문장 I agree with the following statement, "Communicating with someone by email can be as effective as communicating in person." and I have a few reasons for thinking this.

이유 1 The first reason is that people don't have to worry about setting up a place to meet or traveling back and forth if they communicate by email.

부연 설명 In other words, this can be an effective way to save time.

이유 2 Another reason is that it is easier for people to review previous conversations if they use email to communicate.

끝 문장 So, these are the main reasons why I agree with the following statement, "Communicating with someone by email can be as effective as communicating in person."

Q11 - 유형 2 (양자 택일)

If you were learning a new language, which way would you prefer: taking a course in a classroom with a teacher or taking an online course? Why? Give reasons or examples to support your opinion.

당신이 만약 새로운 언어를 배운다면 교실에서 선생님과 함께 하는 수업을 수강하는 것과 온라인 수업을 수강하는 것 중 무엇을 선호하나요? 왜 그런가요? 이유나 예시를 들어 의견을 설명하세요.

A or B 중 하나를 선택해야 하는 시험입니다. 둘 중 어느 것을 골라도 난이도는 비슷하지요. 'taking an online course'를 선택한다면 22과에서 익힌 필수 표현 중 '실내'의 장점이나 '혼자'의 장점 관련 표현들을 알차게 활용할 수 있습니다. 아래에서는 'taking a course in a classroom with a teacher'를 선택한 답변을 예시로 들어 보겠습니다.

▮ 만점 답변 기술 1_ 첫 문장/끝 문장 구상하기

첫 문장 – 여러 가지 이유로 A가 좋아.
끝 문장 – 이런 이유들로 A가 좋아.

▮ 만점 답변 기술 3, 4_ 본론(이유) 만들기 / 부연 설명

이유 1 질문 있으면 물어볼 수 있음
이유 2 정보 공유할 수 있음
이유 3 나의 성향 = 외향적
부연 설명 나는 '함께'가 더 즐거움

점수 팁

➜ 필수 표현 중 '함께'의 장점 관련 표현들을 사용할 수 있습니다..

➜ 부연 설명은 간단하게 'For me, 나의 취향' 이런 식으로 '저는, ~가 좋아요'라고 간단하게 만들어 주는 것도 좋습니다.

➜ 맥락상 어디에도 잘 어울리는 부연 설명은 이유 1, 이유 2, 이유 3 중 어느 것의 뒤에 붙여도 좋지만, 특정 이유에 대한 부연 설명은 해당 이유와 연결될 수 있도록 답변을 해야 합니다.

만점 답변 🎧 MP3 P5_답변 2_Q11 (해석: 해설집 p. 25 참고)

첫 문장   If I were learning a new language, I would prefer <u>taking a course in a classroom with a teacher</u>. I have a few reasons for this.

이유 1   The first reason is that if I have questions about something, I can always ask the teacher.

이유 2   Also, my classmates and I can share useful information about a lot of things.

이유 3   The last reason is that I am an extroverted person, so I feel more comfortable when I'm with people.

부연 설명   For me, spending time with other people is more enjoyable than being alone.

끝 문장   So, these are the main reasons why I would prefer <u>taking a course in a classroom with a teacher</u> if I were learning a new language.

> **Q11 - 유형 3 (3개 옵션)**
>
> In your opinion, which of the following people is the best person to ask for advice before you make an important decision? Choose one of the options provided below and use specific reasons and examples to support your choice.
>
> - A supervisor
> - A family member
> - A friend
>
> 중요한 결정을 하기 전에 다음 중 어떤 사람이 조언을 구하기 가장 좋은 사람이라고 생각하십니까? 아래 제시된 옵션들 중 하나를 선택하여 구체적인 이유와 예시를 들어 의견을 설명하세요.
>
> – 상사 – 가족 – 친구

A, B, C 중 하나를 선택해야 하는 시험입니다. A supervisor를 선택한다면 '전문적인 조언을 받을수 있다', '가족이나 친구의 조언은 주관적(subjective)일 수 있다' 등의 이유를 제시할 수 있습니다. A family member와 A friend는 둘 다 나와 개인적으로 친한 사람이기 때문에 그것을 선택한 이유가 흡사할 수 있습니다. 아래에서는 A family member를 선택한 답변을 예시로 들어 보도록 하겠습니다.

▌만점 답변 기술 1_ 첫 문장/끝 문장 구상하기

첫 문장 – <u>여러 가지 이유로 B가 좋아.</u>

끝 문장 – <u>이런 이유들로 B가 좋아.</u>

▌만점 답변 기술 3, 4_ 본론(이유) 만들기 / 부연 설명

이유 1 <u>나의 인생에서 중요한 결정은 나의 가족과 직결</u>

이유 2 <u>나를 누구보다 잘 안다.</u>

부연 설명 <u>나는 항상 누나에게 조언 구함 / 굉장히 도움됨</u>

점수 팁

→ 필수 표현 중 'A는 B와 직결된다'를 활용하여 '내 인생의 중요한 결정들은 우리 가족 일원들과 직결된다.'와 같은 문장을 만들 수 있습니다.

→ 필수 표현들을 활용하여 '나만의 문장'을 만들어 보는 연습을 추가적으로 해보면, 시간이 지날수록 문장을 만들어 내는 순발력 및 전체적인 영작 능력이 향상된다는 점을 잊지 마세요. 만점 답변에 들어 있는 이유 중 하나가 입에 붙지 않을 때는 '나만의 문장'으로 바꿔 주면 그만입니다.

  예 It is <u>convenient</u> for <u>me</u> to <u>get advice from my family</u> because <u>I live with them</u>.
        형용사   누구   동사   문장

  (저는 가족들과 함께 살아서 가족들에게 조언을 받는 것이 편합니다.)

🎧MP3 P5_답변 3_Q11 (해석: 해설집 p. 26 참고)

첫 문장 In my opinion, <u>the best person to ask for advice before I make an important decision</u> is a family member. I have several reasons for this.

이유 1 The first reason is that many important decisions in my life can be directly related to my family members.

이유 2 Also, my family knows me better than anybody else does.

부연 설명 I will share my personal experience as an example. In my case, I always talk to my sister when I have important decisions to make, and her advice is always sincere and helpful.

끝 문장 So, these are the main reasons why I think <u>the best person to ask for advice</u> is a family member.

Q11 - 유형 4 (일반 의문문)

Do you think <u>it's a good idea for children to learn how to cook</u>? Why or Why not? Give specific reasons and examples to support your opinion.

아이들이 요리를 배우는 것이 좋은 아이디어라고 생각하나요? 그렇거나 그렇지 않은 이유는 무엇인가요? 구체적인 이유와 예시를 들어 의견을 설명하세요.

'네/아니오' 질문이므로, 'I think ___.' 혹은 'I don't think ___.'로 답변을 시작해 주면 됩니다. 실제 시험에서는 'I think ___.'로 의견을 잡아야 답변을 더 쉽게 만들 수 있는 경우가 많습니다.

▌만점 답변 기술 1_ 첫 문장/끝 문장 구상하기

첫 문장 – <u>여러 가지 이유로 좋은 아이디어라 생각함.</u>

끝 문장 – <u>이런 이유들로 좋은 아이디어라 생각함.</u>

▌만점 답변 기술 3, 4_ 본론(이유) 만들기 / 부연 설명

이유 1 <u>재미있는 취미</u>

부연 설명 <u>긴장 풀어 줌 / 스트레스 해소</u>

이유 2 <u>창작력에 긍정적인 영향</u>

부연 설명 <u>다양한 맛 & 색감에 대해 생각 = 상상력에 도움됨</u>

점수 팁

→ 만점 답변 속에 익숙하지 않은 문장이 있다면 그 문장을 외우느라 시간을 보내는 것보다 이미 익숙한 필수 표현을 활용하여 나만의 문장을 만들어 보는 것이 훨씬 효과적인 연습 방법입니다.

→ '내가 어렸을 때 엄마랑 같이 요리 수업 참여 → 완전 재미있었음'과 같이 앞에서 배운 형식의 부연 설명으로 대체하는 것도 아주 좋습니다.

> 예 I will share my personal experience as an example. In my case, I took a cooking class with my mom when I was a child, and it was exciting.
>
> (제 경험을 예시로 말해 보겠습니다. 저는 어렸을 때 엄마와 함께 요리 수업을 들었는데 재미있었습니다.)

만점 답변 🎧 MP3 P5_답변 4_Q11 (해석: 해설집 p. 27 참고)

첫 문장	I think it's a good idea for children to learn how to cook. And I have a few reasons for thinking this.
이유 1	The first reason is that cooking can be a fun hobby.
부연 설명	Cooking with their friends or their parents can relieve their stress.
이유 2	Another reason is that learning to cook can have a positive effect on children's creativity.
부연 설명	They can think about various tastes, colors and more, and I believe that this is good for their imagination.
끝 문장	So, these are the main reasons why I think it's a good idea for children to learn how to cook.

Q11 - 유형 5 (장점/단점)

For a company, what are the disadvantages of letting employees use the Internet during their work hours? Give reasons or examples to support your opinion.

회사 입장에서 직원들이 업무 시간에 인터넷을 사용할 수 있도록 허용하는 것의 단점은 무엇일까요? 이유와 예시를 들어 의견을 설명하세요.

---

* 장점/단점을 묻는 질문은 서론에 'I have a few reasons for this.'가 들어가지 않아야 합니다. 장점/단점이 있는 '이유'를 말하는 시험이 아니기 때문입니다. 대신 'Let me explain the main (dis)advantages. (주요 장점/ 단점을 설명해 볼게요)'와 같은 문장을 넣어 줄 수 있습니다. 마지막 문장 역시 'So, these are the main reasons why ~' 가 아닌 'So, these are the main (dis)advantages of ~' 라고 말해야 합니다.

* 장점/단점을 묻는 질문은 이유를 말할 때 First of all과 Also는 그대로 사용 가능하지만 'The first reason is that ~'과 'Another reason is that ~'은 사용하면 안 됩니다. 'The first (dis)advantage is that ~, Another (dis) advantage is that ~'이라고 답변해야 합니다.

▌만점 답변 기술 1_ 첫 문장/끝 문장 구상하기

첫 문장 – 여러 단점 있음.

끝 문장 – 이것들이 주요 단점임.

▌만점 답변 기술 3, 4_ 본론(이유) 만들기 / 부연 설명

이유 1 업무 집중에 방해됨

부연 설명 나도 회사에서 인터넷으로 시간 낭비 많이 함 – 광고, 가십 기사

이유 2 인터넷 많이 하면 눈 & 자세에 안 좋음

점수 팁

→ 단점을 묻는 질문에는 필수 표현 중 'A can have a negative effect on B.' 그리고 'A can distract B from C'와 같이 부정적인 의미의 표현들이 단골로 쓰입니다.

→ 세상 모든 경험을 다 해본 사람은 없지 않을까요? 부연 설명으로 '나의 경험'에 대해 말해야 할 때 순발력 있게 지어내는 것도 기술입니다.

만점 답변 🎧MP3 P5_답변 5_Q11 (해석: 해설집 p. 28 참고)

첫 문장 There are several disadvantages of letting employees use the Internet during their work hours. Let me explain the main disadvantages.

이유 1 First of all, using the Internet can distract employees from concentrating on their tasks.

부연 설명 I will share my experience as an example. In my case, I'm allowed to use the Internet during my work hours, and sometimes I spend hours looking at ads and gossip articles.

이유 2 Another disadvantage is that spending too much time on the Internet can have a negative effect on people's eyes and posture.

끝 문장 So, these are the main disadvantages of letting employees use the Internet during their work hours.

MP3 P5_실전 1

TOEIC Speaking　　　　　　　　　**TEST 1**　　　　　　　VOLUME

Do you agree or disagree with the following statement? "Communicating with someone by email can be as effective as communicating in person." Give reasons or examples to support your opinion.

PREPARATION TIME	RESPONSE TIME
00:00:45	00:00:60

 MP3 P5_실전 2

TOEIC Speaking　　　　　　　　　**TEST 2**　　　　　　　VOLUME

If you were learning a new language, which way would you prefer: taking a course in a classroom with a teacher or taking an online course? Why? Give reasons or examples to support your opinion.

PREPARATION TIME	RESPONSE TIME
00:00:45	00:00:60

PART 5

TOEIC Speaking   **TEST 3**   VOLUME

In your opinion, which of the following people is the best person to ask for advice before you make an important decision? Choose one of the options provided below and use specific reasons and examples to support your choice.
- A supervisor
- A family member
- A friend

PREPARATION TIME	RESPONSE TIME
00:00:45	00:00:60

TOEIC Speaking   **TEST 4**   VOLUME

Do you think it's a good idea for children to learn how to cook? Why or Why not? Give specific reasons and examples to support your opinion.

PREPARATION TIME	RESPONSE TIME
00:00:45	00:00:60

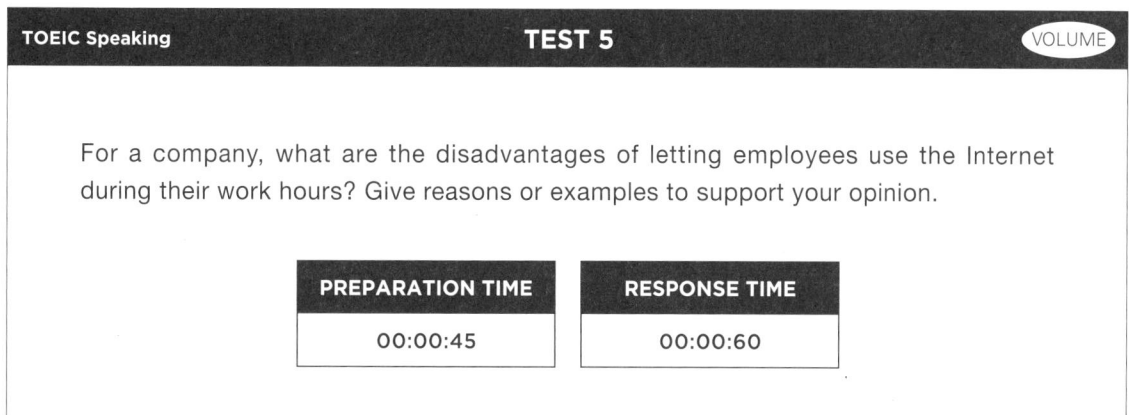

ACTUAL TEST

실전 모의고사

ACTUAL TEST 1

ACTUAL TEST 2

ACTUAL TEST 3

TOEIC Speaking

Questions 1-2 : Read a text aloud

Directions: In this part of the test, you will read aloud the text on the screen. You will have 45 seconds to prepare. Then you will have 45 seconds to read the text aloud.

TOEIC Speaking | **Question 1 of 11** |

Did you know the Clayton Community center now offers art classes for adults? In addition, the center offers music, cooking and business classes for all members of the community. If you would like to learn more about what's available, visit the center's website!

PREPARATION TIME	RESPONSE TIME
00:00:45	00:00:45

TOEIC Speaking | **Question 2 of 11** |

Welcome, shoppers! Today only, Plaza Market is offering a special discount. You'll get a 40% discount on all fruits and vegetables. Also, don't forget to visit our new bakery section. We have prepared over a hundred kinds of cakes, pies, and cookies for you to take home. When prices are this low, you can afford to treat yourself and your entire family. Plaza Market appreciates your business!

PREPARATION TIME	RESPONSE TIME
00:00:45	00:00:45

TOEIC Speaking

Questions 3-4 : Describe a picture

Directions: In this part of the test, you will describe the picture on your screen in as much detail as you can. You will have 45 seconds to prepare your response. Then you will have 30 seconds to speak about the picture.

PREPARATION TIME	RESPONSE TIME
00:00:45	00:00:30

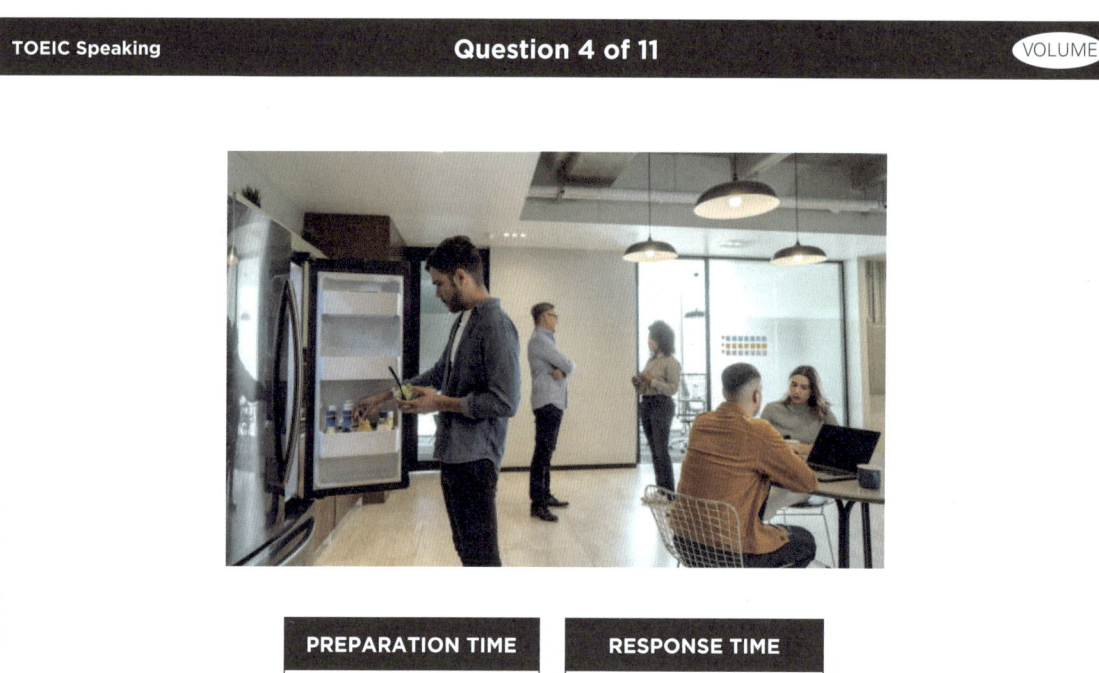

PREPARATION TIME	RESPONSE TIME
00:00:45	00:00:30

TOEIC Speaking

Questions 5-7 : Respond to questions

Directions: In this part of the test, you will answer three questions. You will have 3 seconds to prepare after you hear each question. You will have 15 seconds to respond to Questions 5 and 6, and 30 seconds to respond to Question 7.

TOEIC Speaking   **Question 5-7 of 11**   VOLUME

Imagine that a restaurant chain is doing market research in your area. You have agreed to participate in a telephone interview about ordering food for delivery.

TOEIC Speaking   **Question 5 of 11**   VOLUME

How often do you order delivery food and does your favorite restaurant offer a delivery service?

PREPARATION TIME	RESPONSE TIME
00:00:03	00:00:15

What kind of delivery food are you most likely to have delivered to your home or workplace? Why?

PREPARATION TIME	RESPONSE TIME
00:00:03	00:00:15

Do you usually order delivery food when you're alone or when you're with friends? Why?

PREPARATION TIME	RESPONSE TIME
00:00:03	00:00:30

TOEIC Speaking

Questions 8-10 : Respond to questions using information provided

Directions: In this part of the test, you will answer three questions based on the information provided. You will have 45 seconds to read the information before the questions begin. You will have 3 seconds to prepare and 15 seconds to respond to Questions 8 and 9. You will hear Question 10 two times. You will have 3 seconds to prepare and 30 seconds to respond to Question 10.

TOEIC Speaking **Question 8-10 of 11**

Orlando Corporation: New Employee Orientation Nov. 12th Conference Room D		
8:30-9:00am	Breakfast	
9:00-9:30am	Welcome Address	Sharon Conner, President
9:30-10:00am	Workshop: Positive Feedback	Ken Johnson, Vice President
10:00-10:30am	Training: Company Policies	Jake Young, Human Resources
10:30-11:00am	Video: Our Future Goals	
11:00-11:30am	Building Tour	John Peters, Human Resources
11:30-12:00pm	Training: The Importance of Public Speech	Angelina Yoon

PREPARATION TIME

00:00:45

Orlando Corporation: New Employee Orientation Nov. 12th Conference Room D		
8:30-9:00am	Breakfast	
9:00-9:30am	Welcome Address	Sharon Conner, President
9:30-10:00am	Workshop: Positive Feedback	Ken Johnson, Vice President
10:00-10:30am	Training: Company Policies	Jake Young, Human Resources
10:30-11:00am	Video: Our Future Goals	
11:00-11:30am	Building Tour	John Peters, Human Resources
11:30-12:00pm	Training: The Importance of Public Speech	Angelina Yoon

PREPARATION TIME	RESPONSE TIME
00:00:03	00:00:15

PREPARATION TIME	RESPONSE TIME
00:00:03	00:00:15

PREPARATION TIME	RESPONSE TIME
00:00:03	00:00:30

TEST 1

TOEIC Speaking

Questions 11 : Express an opinion

Directions: In this part of the test, you will give your opinion about a specific topic. Be sure to say as much as you can in the time allowed. You will have 45 seconds to prepare. Then you will have 60 seconds to speak.

TOEIC Speaking   **Question 11 of 11**

For university students, is it better to spend a long vacation from school working at an internship or studying? Why? Give reasons or examples to support your opinion.

PREPARATION TIME	RESPONSE TIME
00:00:45	00:00:60

TOEIC Speaking

Questions 1-2 : Read a text aloud

Directions: In this part of the test, you will read aloud the text on the screen. You will have 45 seconds to prepare. Then you will have 45 seconds to read the text aloud.

TOEIC Speaking　　　　**Question 1 of 11**　　　　 VOLUME

Thanks for watching the Daily News Traffic Report. Currently, there are some delays on Third Avenue due to roadwork. There are also minor delays on Route Nine, Jefferson Road, and Highway Fifteen. If you're planning on taking those roads, you might want to find alternate routes. However, traffic in the east of the city is moving smoothly.

PREPARATION TIME	RESPONSE TIME
00:00:45	00:00:45

TOEIC Speaking　　　　**Question 2 of 11**　　　　 VOLUME

I'm pleased to introduce today's keynote speaker Dr. Sydney Spencer. She has been a biologist for more than thirty years and she has taught at several renowned universities. Dr. Spencer credits her success to passionate colleagues, devoted staff and supportive family. Without further delay, please welcome Dr. Spencer to the stage.

PREPARATION TIME	RESPONSE TIME
00:00:45	00:00:45

TOEIC Speaking

Questions 3-4 : Describe a picture

Directions: In this part of the test, you will describe the picture on your screen in as much detail as you can. You will have 45 seconds to prepare your response. Then you will have 30 seconds to speak about the picture.

TOEIC Speaking **Question 3 of 11** VOLUME

PREPARATION TIME	RESPONSE TIME
00:00:45	00:00:30

PREPARATION TIME	RESPONSE TIME
00:00:45	00:00:30

TOEIC Speaking

Questions 5-7 : Respond to questions

Directions: In this part of the test, you will answer three questions. You will have 3 seconds to prepare after you hear each question. You will have 15 seconds to respond to Questions 5 and 6, and 30 seconds to respond to Question 7.

TEST 2

TOEIC Speaking　　**Question 5-7 of 11**　　 VOLUME

Imagine that an Australian marketing firm is doing research in your country. You have agreed to participate in a telephone interview about visiting your area.

TOEIC Speaking　　**Question 5 of 11**　　 VOLUME

What time of the year is the best time to visit your area?

PREPARATION TIME	RESPONSE TIME
00:00:03	00:00:15

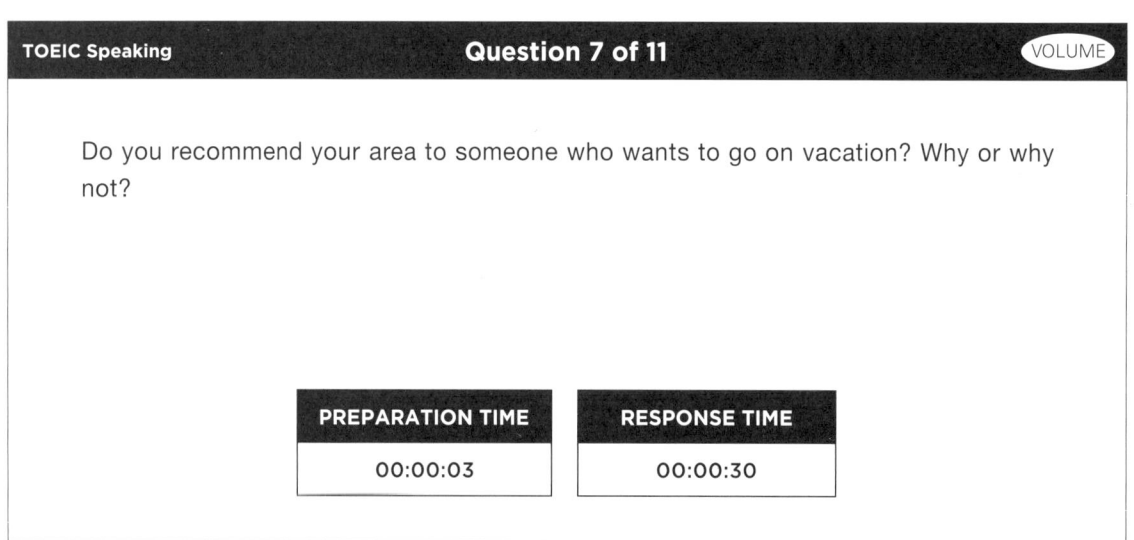

What is the best way to get information about things to do in your area?

PREPARATION TIME	RESPONSE TIME
00:00:03	00:00:15

Do you recommend your area to someone who wants to go on vacation? Why or why not?

PREPARATION TIME	RESPONSE TIME
00:00:03	00:00:30

TOEIC Speaking

Questions 8-10 : Respond to questions using information provided

Directions: In this part of the test, you will answer three questions based on the information provided. You will have 45 seconds to read the information before the questions begin. You will have 3 seconds to prepare and 15 seconds to respond to Questions 8 and 9. You will hear Question 10 two times. You will have 3 seconds to prepare and 30 seconds to respond to Question 10.

TOEIC Speaking   **Question 8-10 of 11**   VOLUME

Innovate Tech- Annual Seminar
December 21, Company Auditorium

Schedule	Session	Notes
8:30 - 9:00 AM	Registration	
9:00 - 10:00 AM	Presentation: Virtual Reality	Ethan Jenkins
Noon - 1:00 PM	Lunch	(buffet lunch provided)
1:00 - 2:00 PM	Presentation: Volunteer Opportunities	Emily Jordan
2:00 - 3:00 PM	Discussion: Facilitating Partnerships	Harry Tucker
3:00 - 4:30 PM	Workshop: Exploring New Technology	Olivia Dawson

PREPARATION TIME

00:00:45

Innovate Tech- Annual Seminar
December 21, Company Auditorium

Schedule	Session	Notes
8:30 - 9:00 AM	Registration	
9:00 - 10:00 AM	Presentation: Virtual Reality	Ethan Jenkins
Noon - 1:00 PM	Lunch	(buffet lunch provided)
1:00 - 2:00 PM	Presentation: Volunteer Opportunities	Emily Jordan
2:00 - 3:00 PM	Discussion: Facilitating Partnerships	Harry Tucker
3:00 - 4:30 PM	Workshop: Exploring New Technology	Olivia Dawson

PREPARATION TIME	RESPONSE TIME
00:00:03	00:00:15

PREPARATION TIME	RESPONSE TIME
00:00:03	00:00:15

PREPARATION TIME	RESPONSE TIME
00:00:03	00:00:30

TOEIC Speaking

Questions 11 : Express an opinion

Directions: In this part of the test, you will give your opinion about a specific topic. Be sure to say as much as you can in the time allowed. You will have 45 seconds to prepare. Then you will have 60 seconds to speak.

TOEIC Speaking   **Question 11 of 11**   VOLUME

In your opinion, which of the following is the most beneficial for children? Choose one of the options provided below and give reasons or examples to support your opinion.
- Spending a lot of time outdoors
- Learning a foreign language
- Learning to play musical instruments

PREPARATION TIME	RESPONSE TIME
00:00:45	00:00:60

TOEIC Speaking

Questions 1-2 : Read a text aloud

Directions: In this part of the test, you will read aloud the text on the screen. You will have 45 seconds to prepare. Then you will have 45 seconds to read the text aloud.

TOEIC Speaking   **Question 1 of 11**

And now it's time for the local news. This weekend, Crown Village will be hosting its annual music festival. The opening night show will feature a performance by Timothy Foster. Timothy has gained national recognition for his singing, songwriting, and dancing. Because this event is expected to attract large crowds, area residents are encouraged to use public transportation.

PREPARATION TIME	RESPONSE TIME
00:00:45	00:00:45

TOEIC Speaking   **Question 2 of 11**

Thank you for calling Alfred's restaurant, the best place in the city for traditional Italian dishes. We are located on Queen Street. For directions, please press "one". Our hours of operation are from 11 A.M. to 10 P.M. every day. To make, change or cancel a reservation, please call back during working hours.

PREPARATION TIME	RESPONSE TIME
00:00:45	00:00:45

TOEIC Speaking

Questions 3-4 : Describe a picture

Directions: In this part of the test, you will describe the picture on your screen in as much detail as you can. You will have 45 seconds to prepare your response. Then you will have 30 seconds to speak about the picture.

PREPARATION TIME	RESPONSE TIME
00:00:45	00:00:30

TEST 3

PREPARATION TIME	RESPONSE TIME
00:00:45	00:00:30

TOEIC Speaking

Questions 5-7 : Respond to questions

Directions: In this part of the test, you will answer three questions. You will have 3 seconds to prepare after you hear each question. You will have 15 seconds to respond to Questions 5 and 6, and 30 seconds to respond to Question 7.

TOEIC Speaking   **Question 5-7 of 11**   VOLUME

Imagine that a US company is doing research in your country. You have agreed to participate in a telephone interview about doing activities with your friends.

TOEIC Speaking   **Question 5 of 11**   VOLUME

When did you last go out with your friends? What did you do?

PREPARATION TIME	RESPONSE TIME
00:00:03	00:00:15

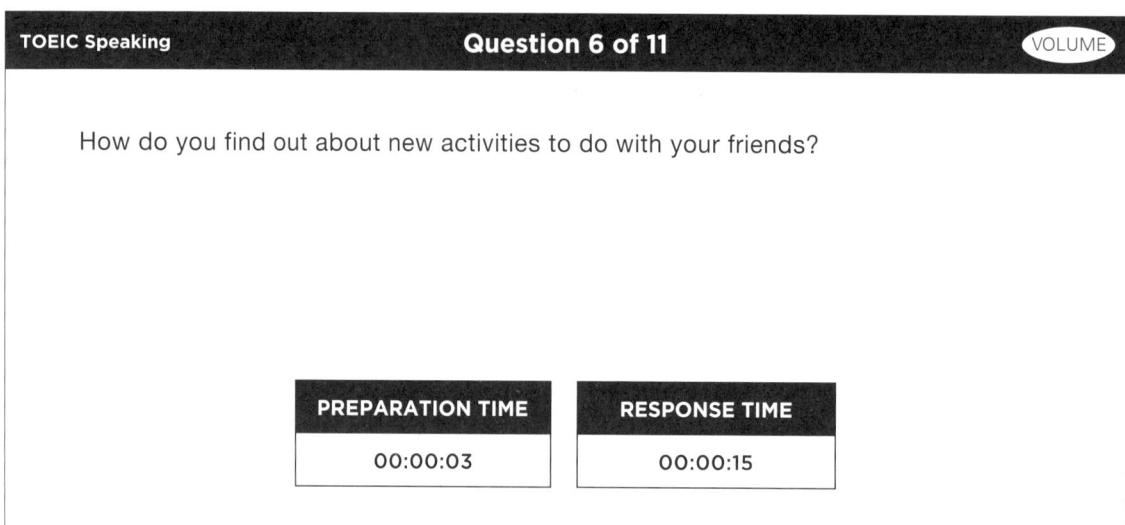

How do you find out about new activities to do with your friends?

PREPARATION TIME	RESPONSE TIME
00:00:03	00:00:15

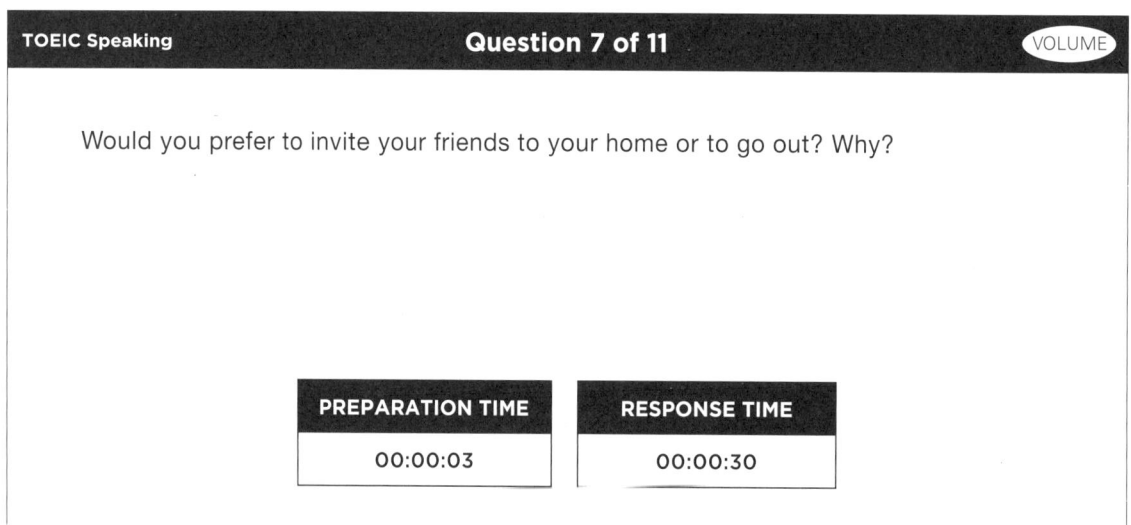

Would you prefer to invite your friends to your home or to go out? Why?

PREPARATION TIME	RESPONSE TIME
00:00:03	00:00:30

Questions 8-10 : Respond to questions using information provided

Directions: In this part of the test, you will answer three questions based on the information provided. You will have 45 seconds to read the information before the questions begin. You will have 3 seconds to prepare and 15 seconds to respond to Questions 8 and 9. You will hear Question 10 two times. You will have 3 seconds to prepare and 30 seconds to respond to Question 10.

Package Trip to New York

New York Trip (June 5 – 7)
Accommodation: Blue Moon Hotel
Price: $250
Only meals listed are included in the price

Date	Time	Activity
June 5	2:00 – 4:00 p.m.	Welcome and Orientation
	6:00 – 8:00 p.m.	Dinner: Crown Sky Restaurant
June 6	10:00 a.m. – Noon	Walking Tour: Central park
	Noon – 1:30 p.m.	Lunch: Union Square Café
June 7	11:00 a.m. – 2:00 p.m.	Walking Tour: Historic Buildings
	8:00 p.m. – 10:00 p.m.	Theater Show: "The Life and Times"

PREPARATION TIME

00:00:45

Package Trip to New York

New York Trip (June 5 – 7)
Accommodation: Blue Moon Hotel
Price: $250
Only meals listed are included in the price

Date	Time	Activity
June 5	2:00 – 4:00 p.m.	Welcome and Orientation
	6:00 – 8:00 p.m.	Dinner: Crown Sky Restaurant
June 6	10:00 a.m. – Noon	Walking Tour: Central park
	Noon – 1:30 p.m.	Lunch: Union Square Café
June 7	11:00 a.m. – 2:00 p.m.	Walking Tour: Historic Buildings
	8:00 p.m. – 10:00 p.m.	Theater Show: "The Life and Times"

PREPARATION TIME	RESPONSE TIME
00:00:03	00:00:15

PREPARATION TIME	RESPONSE TIME
00:00:03	00:00:15

PREPARATION TIME	RESPONSE TIME
00:00:03	00:00:30

TOEIC Speaking

Questions 11 : Express an opinion

Directions: In this part of the test, you will give your opinion about a specific topic. Be sure to say as much as you can in the time allowed. You will have 45 seconds to prepare. Then you will have 60 seconds to speak.

TOEIC Speaking   **Question 11 of 11**   VOLUME

Do you agree or disagree with the following statement? A team leader must be skilled at motivating others. Use specific reasons or examples to support your opinion.

PREPARATION TIME	RESPONSE TIME
00:00:45	00:00:60

메모

메모

메모

누적 수강생 수 756만*,
수강후기 31만*으로 검증된 강의력.
10년째 영단기를 꾸준히 찾는 이유!

영단기만의
압도적 강사진

그동안 경험할 수 없던 차원이 다른 강의력!
지금 영단기에서 경험해보세요!

영단기 토익 교재

입문서

영단기 토익 왕기초 LC

영단기 토익 왕기초 RC

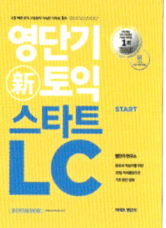
영단기 신토익 스타트 LC

영단기 신토익 스타트 RC

영단기 영문법 스타트

기본서

영단기 토익 LC

영단기 토익 RC

영단기 토익 기출보카

기적의 토익 LC

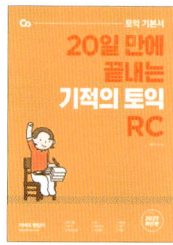
기적의 토익 RC

필기노트

영단기 700+
기적의 필기노트

영단기 토익 만점자
필기노트 PART 5 문법

LC+RC 통합 기본서

영단기 토익 LC+RC
700+한 달에 끝내기

정재현 토익
똑똑한 기본서 LC+RC

기술서/요약서

영단기 토익 기술 LC

영단기 토익 기술
실전문제집 LC

영단기 토익 기술 RC

영단기 토익 기술
실전문제집 RC

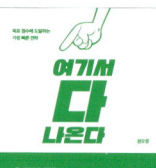
영단기 신토익 LC
20일 속성

영단기 신토익 RC
20일 속성

20시간에 끝내는 토익 스피킹

제이 정

만점 답변 및
해석 수록!

해설집

20시간에
끝내는
토익
스피킹

해설집

목차

실전 연습
만점 답변 및 해석

TEST 1

🎧 MP3 P1_답변 1

Thank you for attending today's presentation on customer satisfaction. // Our first speaker, / Melissa King has published a new book on using technology to satisfy consumers. // Her talk will be focused on recent business trends including internet businesses, (→) / new software, (→) / and online resources. (↘) // After the talk, / she will take questions from the audience. // Please join me in welcoming Ms. King.

고객 만족에 관한 오늘 발표에 참석해 주셔서 감사합니다. 우리의 첫 강연자 Melissa King은 테크놀로지를 사용하여 고객을 만족시키는 것에 대한 새로운 책을 출간하였습니다. 그녀의 강연은 인터넷 사업, 새로운 소프트웨어, 그리고 온라인 자원을 포함한 최신 사업 동향에 집중될 것입니다. 강연이 끝난 후, 그녀는 여러분들의 질문을 받을 것입니다. 저와 함께 King 씨를 환영해 주세요.

TEST 2

🎧 MP3 P1_답변 2

Here's your Channel Seven Morning Weather Forecast. // Sunny and breezy weather conditions will make it a great weekend for outdoor activities such as picnics, (→) / sports, (→) / and barbecues. (↘) // Enjoy the great weather while it lasts. // Starting from Sunday night, / temperatures will drop drastically and by Monday morning, / thunderstorms are likely to occur in several areas.

Channel Seven Morning Weather Forecast입니다. 화창하고 선선하게 바람이 부는 날씨가 피크닉, 스포츠, 그리고 바비큐와 같은 야외 활동을 즐기기 좋은 주말을 만들어 줄 것으로 보입니다. 지속되는 동안 이 좋은 날씨를 즐기시길 바랍니다. 일요일 밤부터 온도가 급격히 떨어지고, 월요일 오전에는 여러 지역에 뇌우가 발생할 것으로 예측됩니다.

TEST 3

🎧 MP3 P1_답변 3

Welcome to the Riverside Adventurers Tour of Garden Springs. // In just a moment, / we'll be arriving at our first stop, / the famous Garden Springs Waterfall. // You may leave any of your belongings on the bus as we explore the various sites. // Please do not hesitate to approach me with questions, (→) / observations, (→) / or suggestions (→) throughout the tour. (↘)

Garden Springs의 Riverside Adventurers Tour에 오신 것을 환영합니다. 곧 우리의 첫 번째 목적지인 유명한 Garden Springs Waterfall에 도착할 예정입니다. 다양한 장소들을 탐험하는 동안 소지품은 버스에 두셔도 좋습니다. 투어를 하는 동안 질문이나 의견 및 제안 사항이 있으시다면 망설임 없이 저에게 말씀해 주세요.

TEST 4

🎧MP3 P1_답변 4

Attention Waterfront Office Supplies customers. // We have great offers going on in all departments this week. // Be sure to check out our special deals on computer chairs, (→) / desks, (→) / and cabinets. (↘) // What's more, / if you sign up to become a member, / you'll receive discount coupons in the mail each month. // Come to Waterfront Office Supplies this week and take advantage of the incredible offers!

Waterfront Office Supplies 고객님들께 알려 드립니다. 이번 주에는 모든 종류의 상품에 있어 큰 행사를 진행합니다. 컴퓨터 의자, 책상, 그리고 사물함에 진행되고 있는 특가 행사를 꼭 둘러보시길 바랍니다. 그리고 멤버 신청을 하신다면, 매달 할인 쿠폰을 우편으로 받아 보실 수 있습니다. 이번 주에 Waterfront Office Supplies에 방문하셔서 엄청난 행사들을 잘 활용하시길 바랍니다!

TEST 5

🎧MP3 P1_답변 5

Now, / it's time for the traffic report. // Morning commuters should expect delays on Route 50, (→) / Third Avenue, (→) / and Jefferson Bridge. (↘) // However, / the traffic is expected to thin out by 10 A.M. // Since major downtown construction is expected to be finished soon, / delays should decrease noticeably in the near future.

이제, 교통 정보입니다. 출근하시는 분들은 Route 50, Third Avenue 그리고 Jefferson Bridge에서 지체가 있을 것을 예상하시는 게 좋겠습니다. 그러나 오전 10시 정도에는 교통 체증이 완화될 것으로 예상됩니다. 번화가에 큰 공사가 곧 마무리될 예정이므로, 머지 않아 지체가 현저히 감소할 것입니다.

TEST 6

🎧MP3 P1_답변 6

You have reached the Digital Dreams Computer School. // We offer classes in video game design, (→) / computer networking, (→) / and information technology. (↘) // Unfortunately, / our offices are currently closed. // To speak with a representative, / please call back between nine A.M. and six P.M. on any weekday. // For detailed information about our courses and schedules, / please visit our website.

Digital Dreams Computer School에 연결되었습니다. 저희는 비디오 게임 디자인, 컴퓨터 네트워킹, 그리고 정보 통신 기술 수업을 제공합니다. 안타깝게도, 현재 영업시간이 아닙니다. 직원과 통화를 원하시면 주중 오전 9시에서 저녁 6시 사이에 다시 전화 주세요. 수업이나 스케줄 관련 상세 정보를 보시려면 저희 웹사이트를 방문해 주세요.

TEST 1

 **만점 답변**

🎧 MP3 P2_답변 1

★★★ This picture was taken at a spacious outdoor market. (★★★★★ This picture was taken at a place that appears to be a spacious outdoor market.) There are many people in the scene. In the background of the photograph, some people are just passing by, and in the middle of the scene some are shopping for fruits and vegetables. Behind the people, there are many beautiful buildings. In the right of the picture, I can also see a white truck. Overall, this picture gives out a pleasant feeling because everyone in the scene is having a relaxing time.

★★★ 이것은 널찍한 야외 마켓에서 찍은 사진입니다. (★★★★★ 이것은 널찍한 야외 마켓처럼 보이는 곳에서 찍은 사진입니다.) 장면 속에는 많은 사람들이 있습니다. 사진의 배경에는 몇몇 사람들이 그냥 지나가고 있고, 사진 중심부에는 몇몇 사람들이 과일과 야채를 사고 있습니다. 이 사람들 뒤에 아름다운 건물들이 많이 있습니다. 사진의 오른쪽에는 흰색 트럭도 한 대 보입니다. 모든 사람들이 편안한 시간을 보내고 있어서 전반적으로 이 사진은 즐거운 느낌을 줍니다.

TEST 2

 **만점 답변**　　　　　　　　　　　　　　　　　　　　　　　　　🎧MP3 P2_답변 2

★★★ This picture was taken at a small meeting room. (★★★★★ This picture was taken at a place that appears to be a small meeting room.) There are 3 people in the scene; a woman and 2 men. Everyone in the scene is having a meeting and they are sitting around a rectangular desk. On the desk, I see some cups and documents. The background is white, but other than that there is nothing else going on. Overall, this picture gives out a calm feeling because there is not much movement in the scene.

★★★ 이것은 작은 회의실에서 찍은 사진입니다. (★★★★★ 이것은 작은 회의실처럼 보이는 곳에서 찍은 사진입니다.) 장면 속에는 여자 한 명과 남자 두 명, 총 세 명의 사람들이 있습니다. 사진 속 모든 이들은 회의 중이며 직사각형 책상에 둘러앉아 있습니다. 책상 위에 컵들과 서류들이 보입니다. 배경은 흰색인데 그것 외에는 별다른 것이 없습니다. 장면 속에 활동량이 많지 않아서 전반적으로 이 사진은 차분한 느낌을 줍니다.

TEST 3

★★★ This picture was taken at a spacious park. (★★★★★ This picture was taken at a place that appears to be a spacious park.) There are 2 people in the scene. They are standing in the background of the picture. These people are wearing casual clothes. In the left of the picture, there are 2 benches. In the background, I see some trees and bushes that are full of green leaves. Overall, this picture gives out a calm feeling because there is not much movement in the scene.

★★★ 이것은 널찍한 공원에서 찍은 사진입니다. (★★★★★ 이것은 널찍한 공원처럼 보이는 곳에서 찍은 사진입니다.) 장면 속에는 두 명의 사람들이 있습니다. 이들은 사진의 배경 쪽에 서 있습니다. 이 사람들은 편안한 옷차림입니다. 사진의 왼쪽에는 두 개의 벤치가 있습니다. 배경에는 푸른 잎이 무성한 나무들과 덤불들이 보입니다. 장면 속에 활동량이 많지 않아서 전반적으로 이 사진은 차분한 느낌을 줍니다.

TEST 4

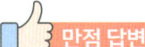
★★★ This picture was taken at a spacious office kitchen. (★★★★★ This picture was taken at a place that appears to be a spacious office kitchen.) There are 3 people in the scene; a woman and 2 men. In the middle of the room, one of the men is standing and drinking something. In front of the man, the woman and the other man are looking at a laptop computer while sitting at a white desk. On the desk, I see some electronic devices. In the background of the room, there are many kinds of kitchen supplies. Overall, this picture gives out a calm feeling because there is not much movement in the scene.

★★★ 이것은 널찍한 탕비실에서 찍은 사진입니다. (★★★★★ 이것은 널찍한 탕비실처럼 보이는 곳에서 찍은 사진입니다.) 장면 속에는 여자 한 명과 남자 두 명, 총 세 명의 사람들이 있습니다. 이 장소의 중심부에 남자 중 한 명이 서서 무언가를 마시고 있습니다. 그 남자 앞에 여자와 다른 남자가 흰색 책상에 앉아서 랩톱 컴퓨터를 보고 있습니다. 책상 위에는 몇 개의 전자기기들이 보입니다. 이 공간의 배경에는 많은 종류의 주방용품들이 있습니다. 장면 속에 활동량이 많지 않아서 전반적으로 이 사진은 차분한 느낌을 줍니다.

TEST 5

★★★ This picture was taken at a spacious crosswalk. (★★★★★ This picture was taken at a place that appears to be a spacious crosswalk.) There are several people in the scene. Everyone in the photograph is crossing the street and they are all wearing casual clothes. In the background of the picture, there are many trees and bushes that are full of green leaves. Behind the trees and bushes, I see many tall buildings with a lot of windows. Overall, this picture gives out a busy feeling because most of the people in the scene are moving actively.

★★★ 이것은 널찍한 횡단보도에서 찍은 사진입니다. (★★★★★ 이것은 널찍한 횡단보도처럼 보이는 곳에서 찍은 사진입니다.) 장면 속에는 몇몇 사람들이 있습니다. 사진 속 모든 사람들은 길을 건너는 중이며 그들은 모두 편한 옷을 입고 있습니다. 사진의 배경에는 푸른 잎이 무성한 많은 나무들과 덤불들이 있습니다. 나무와 덤불들 뒤쪽으로 창문이 많은 여러 채의 높은 건물들이 보입니다. 장면 속 대부분의 사람들이 활동적으로 움직이고 있어서 전반적으로 이 사진은 분주한 느낌을 줍니다.

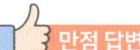
점수 팁

· 동일한 단어를 반복적으로 사용하는 것보다 비슷하거나 동일한 의미를 가진 다른 단어들을 골고루 사용하는 것도 가산점의 요소가 될 수 있습니다. (many / a lot of)

TEST 1

Imagine that a local company is planning to open a new shopping center in your area. You have agreed to participate in a telephone interview about eating at shopping centers.

거주하고 있는 지역의 한 회사가 당신의 동네에 새로운 쇼핑센터를 여는 것을 계획한다고 상상해 보세요. 당신은 쇼핑센터에서 식사하는 것에 관한 전화 인터뷰에 응하기로 했습니다.

Q5

When was the last time you ate something in a shopping center? And what did you eat?

마지막으로 쇼핑센터에서 무언가를 먹은 것은 언제였나요? 무엇을 먹었나요?

 만점 답변 ∩ MP3 P3_답변 1_Q5

The last time I ate something in a shopping center was about 2 weeks ago, and I ate some noodles at a Chinese restaurant.

마지막으로 쇼핑센터에서 무언가를 먹은 것은 2주 전쯤입니다. 중국집에서 면 요리를 먹었습니다.

Q6

Would you make time to visit a shopping center just to eat at a restaurant there? Why or why not?

식당에서 식사만 하기 위해 쇼핑센터를 방문할 시간을 낼 의향이 있나요? 그렇거나 그렇지 않은 이유는?

 만점 답변 ∩ MP3 P3_답변 1_Q6

I would make time to visit a shopping center just to eat at a restaurant there because there are not many restaurants in my area.

식당에서 식사만 하기 위해 쇼핑센터를 방문할 시간을 낼 의향이 있습니다. 왜냐하면 우리 동네에 식당이 많이 없거든요.

Q7

Which of the following do you think would be most popular at a shopping center in your area? Why?

A movie theater

A fast food restaurant

A coffee shop

아래 있는 것들 중 어떤 것이 당신의 동네의 쇼핑센터에서 가장 인기가 있을까요? 왜 그렇게 생각하시나요?

영화관

패스트푸드 식당

커피숍

 **만점 답변** 🎧MP3 P3_답변 1_Q7

I think a movie theater would be most popular at a shopping center in my area for several reasons. First of all, there are not many movie theaters in my town. Also, it would be fun to enjoy various activities on the same day in one place. So, these are the main reasons why I think a movie theater would be most popular at a shopping center in my area.

제 생각에 여러 가지 이유로 영화관이 우리 동네의 쇼핑센터에서 가장 인기 있을 것 같아요. 첫 번째 이유로, 우리 동네에는 영화관이 많이 없어요. 그리고 하루에 한 장소에서 다양한 활동을 즐길 수 있다는 것이 흥미로운 것 같아요. 이런 이유들로 제 생각에 영화관이 우리 동네의 쇼핑센터에서 가장 인기 있을 것 같아요.

TEST 2

Imagine that a marketing firm is doing research in your area. You have agreed to participate in a telephone interview about tours of cities.

한 마케팅 기업이 당신의 동네에서 조사를 하고 있다고 상상해 보세요. 당신은 도시를 관광하는 것에 관한 전화 인터뷰에 응하기로 하였습니다.

Q5

When was the last time you took a tour of a city, and who did you take the tour with?

마지막으로 도시를 관광한 것은 언제였나요? 그리고 누구와 함께 했었나요?

The last time I took a tour of a city was about two months ago, and I took the tour with my best friend. We went to New York City together and had a great time.

마지막으로 도시를 관광한 것은 약 두 달 전이었어요. 그리고 가장 친한 친구와 함께 관광을 했습니다. 우리는 함께 New York City에 가서 정말 좋은 시간을 보냈어요.

Q6

Do you think taking a tour of a city with a tour guide is a good idea?

관광 가이드와 함께 도시를 관광하는 것이 좋은 아이디어라고 생각하나요?

 만점 답변 MP3 P3_답변 2_Q6

Yes, I think taking a tour of a city with a tour guide is a good idea. I can get a lot of useful information about the city.

네, 저는 관광 가이드와 함께 도시를 관광하는 것이 좋은 아이디어라고 생각합니다. 그 도시에 대한 유용한 정보를 많이 얻을 수 있으니까요.

PART 3

Q7

Are you planning on taking a tour of a city in the near future? Why or why not?

가까운 미래에 도시를 관광할 계획을 하고 있나요? 그렇거나 그렇지 않은 이유는?

 만점 답변 MP3 P3_답변 2_Q7

Actually, I'm not planning on taking a tour of a city in the near future. There are several reasons. First of all, I am very busy at work these days because I have a lot of new projects. Another reason is that, personally, I'm not very interested in taking a city tour. So, these are the main reasons why I'm not planning on taking a tour of a city in the near future.

사실 저는 가까운 미래에 도시를 관광할 계획을 하고 있지 않습니다. 몇 가지 이유가 있는데요. 첫 번째 이유는, 새로운 프로젝트가 많아서 회사에서 굉장히 바쁘거든요. 또 다른 이유는, 개인적으로 도시를 관광하는 것에 큰 흥미가 없어요. 이런 이유들로 저는 가까운 미래에 도시를 관광할 계획을 하고 있지 않습니다.

TEST 3

Imagine that you are talking on the telephone to a friend. You are having a conversation about music.

친구와 통화를 하고 있다고 상상해 보세요. 음악에 대해 대화 중입니다.

Q5

How often do you listen to music, and do you often listen to foreign music?

얼마나 자주 음악을 듣나요, 그리고 외국 음악은 자주 듣나요?

 만점 답변　　　　　　　　　　　　　　　　　MP3 P3_답변 3_Q5

I listen to music almost every day, and yes, I often listen to foreign music. Listening to music is one of my favorite hobbies.

저는 음악을 거의 매일 들어요. 그리고 네, 외국 음악을 자주 듣습니다. 음악을 듣는 것은 제가 가장 좋아하는 취미 중 하나예요.

Q6

Where do you usually listen to music?

음악은 주로 어디에서 듣나요?

 만점 답변　　　　　　　　　　　　　　　　　MP3 P3_답변 3_Q6

I usually listen to music in my room. My room is very comfortable and quiet. Listening to music in my room always relieves my stress.

저는 주로 제 방에서 음악을 들어요. 제 방이 굉장히 편하고 조용하거든요. 제 방에서 음악을 듣는 것은 항상 스트레스를 풀어 줘요.

Q7

In your opinion, what is the best way to learn about music that you are not familiar with, and why?

당신의 생각에 친숙하지 않은 음악을 배울 수 있는 최고의 방법은 무엇인가요? 왜 그렇다고 생각하나요?

In my opinion, the Internet is the best way to learn about music that I am not familiar with for several reasons. The first reason is that there are many options online. Also, other people and I can share useful information about music through the Internet. So, these are the main reasons why the Internet is the best way to learn about music that I am not familiar with.

여러 가지 이유로 인터넷이 친숙하지 않은 음악을 배울 수 있는 최고의 방법이라고 생각합니다. 첫 번째 이유는 온라인상에는 다양한 선택권이 있습니다. 그리고 인터넷을 통해 다른 사람들과 음악에 대해 유용한 정보를 공유할 수도 있고요. 이런 이유들로, 인터넷이 친숙하지 않은 음악을 배울 수 있는 최고의 방법이라고 생각합니다.

TEST 4

Imagine that a British company is doing some research in your community and you have agreed to participate in a telephone interview about public transportation.

한 영국 기업이 당신의 동네에서 조사를 하고 있다고 상상해 보세요. 당신은 대중교통에 관한 인터뷰에 응하기로 했습니다.

PART 3

Q5

What kind of public transportation do you take to commute?

당신은 통근하기 위해 어떤 종류의 대중교통을 이용하나요?

 만점 답변   🎧 MP3 P3_답변 4_Q5

I always take the subway to commute. It is punctual and the price is reasonable.

저는 통근하기 위해 항상 지하철을 이용합니다. 시간을 엄수하고 가격도 합리적이거든요.

Q6

What is your favorite type of public transportation?

당신이 가장 선호하는 대중교통은 무엇인가요?

 만점 답변   🎧 MP3 P3_답변 4_Q6

My favorite type of public transportation is the subway. It is very convenient because there are many subway stations near my home.

제가 가장 선호하는 대중교통은 지하철입니다. 저희 집 가까이에 지하철역이 많아서 굉장히 편리합니다.

Q7

How do you think public transportation can be improved in your community?

당신의 동네의 대중교통이 어떻게 향상될 수 있을까요?

 **만점 답변** MP3 P3_답변 4_Q7_1

I think public transportation can be improved by making more subway stations for several reasons. First of all, there are not many subway stations in my area. Also, people would be able to save a lot of time. So, these are the main reasons why I think public transportation can be improved by making more subway stations.

여러 가지 이유로 지하철역을 더 만들면 대중교통이 향상될 수 있을 것이라고 생각합니다. 첫 번째 이유는, 우리 동네에는 지하철역이 많지 않아요. 그리고 사람들이 많은 시간을 절약할 수 있을 것입니다. 이런 이유들로 저는 지하철역을 더 만들면 대중교통이 향상될 수 있을 것이라 생각합니다.

 **만점 답변** MP3 P3_답변 4_Q7_2

There are several ways public transportation can be improved in my community. Primarily, they should replace all the seats in the subway trains because they are often messy and old. Also, they should decrease the fee because it is very expensive to use it in my area. So, these are the ways public transportation can be improved in my community.

우리 동네에서 대중교통이 향상될 수 있는 여러 가지 방법이 있습니다. 우선, 오래되고 지저분한 게 많아서 지하철 좌석을 전부 교체해야 합니다. 또한, 우리 동네는 대중 교통을 이용하는 것이 비싸기 때문에 요금을 인하해야 해요. 이런 것들이 우리 동네에서 대중교통이 향상될 수 있는 방법들입니다.

TEST 5

Imagine that a British marketing firm is conducting a survey in your area. You have agreed to participate in a telephone interview about going on trips.

영국의 마케팅 회사가 당신의 동네에서 조사를 하고 있다고 상상해 보세요. 당신은 여행을 가는 것에 관한 전화 인터뷰에 응하기로 했습니다.

Q5

How long was your last trip, and who did you go with?

닝신의 최른 어엥은 일미니 길었니요? 그리고 ┕구의 함께 갔니요?

 만점 답변   🎧 MP3 P3_답변 5_Q5

My last trip was for 3 days and I went with my family. We went to China last month and had a great time.

제 최근 여행은 3일간 다녀왔고, 가족과 함께 갔어요. 우리는 지난달에 중국에 가서 아주 즐거운 시간을 보냈답니다.

Q6

How do you usually decide where to go on a trip?

보통 어디로 여행 갈지 어떻게 정하나요?

 만점 답변   🎧 MP3 P3_답변 5_Q6

I usually decide where to go on a trip by reading reviews on the Internet. There's always a lot of useful information online.

저는 보통 인터넷에 있는 리뷰를 읽어보며 어디로 여행 갈지를 정해요. 온라인에는 언제나 유용한 정보가 많이 있잖아요.

Q7

Do you think people should schedule all their activities in advance?

당신은 사람들이 모든 활동의 일정을 미리 짜야 한다고 생각하나요?

 만점 답변   🎧 MP3 P3_답변 5_Q7

Yes, I think people should schedule all their activities in advance for several reasons. The first reason is that they can get a lot of useful information by researching in advance. Also, it allows people to spend their time more efficiently. So, these are the main reasons why I think people should schedule all their activities in advance.

네, 여러 가지 이유로 저는 사람들이 모든 활동의 일정을 미리 짜야 한다고 생각해요. 첫 번째 이유는, 미리 알아보면 유용한 정보를 많이 얻을 수 있어요. 그리고 미리 일정을 짜는 것은 사람들이 시간을 좀 더 효율적으로 쓸 수 있게 해줍니다. 이런 이유들로 저는 사람들이 모든 활동의 일정을 미리 짜야 한다고 생각해요.

PART 3

TEST 1

International Linguistics Conference

Monday, August 22nd

Washington Conference Center

Fee : $35, free for students with student ID

9:30 ~ 10:00 A.M.	Opening Speech (Kevin Chen)
10:00 ~ 11:00 A.M.	Presentation: Words and Their Meanings (Lena Fernandez)
11:00 ~ Noon	Group Activity: Cross-Cultural Communication (Becky Ferrick)
1:00 ~ 2:00 P.M.	Presentation: The Rules of Language (Chris Jacobs)
2:00 ~ 3:00 P.M.	Presentation: Analyzing Sounds (Becky Ferrick)
3:00 ~ 4:00 P.M.	Group Activity: Universal Language (Jeff Gilbert)

국제 언어학 컨퍼런스

월요일, 8월 22일

Washington Conference Center

요금: 35달러, 학생증 지참한 학생은 무료

오전 9:30 ~ 10:00	개회사 (Kevin Chen)
오전 10:00 ~ 11:00	발표: 단어와 그것의 의미 (Lena Fernandez)
오전 11:00 ~ 정오	단체 활동: 다문화 커뮤니케이션 (Becky Ferrick)
오후 1:00 ~ 2:00	발표: 언어의 법칙 (Chris Jacobs)
오후 2:00 ~ 3:00	발표: 소리의 분석 (Becky Ferrick)
오후 3:00 ~ 4:00	단체 활동: 세계어 (Jeff Gilbert)

Hi, this is David Lee. I'm a student and I'm interested in attending the International Linguistics Conference. But I have a few questions about the schedule.

안녕하세요, 저는 David Lee입니다. 저는 학생이며 이 국제 언어학 컨퍼런스에 참석하고 싶습니다. 일정과 관련하여 몇 가지 질문이 있습니다.

Q8

On what date will the conference take place, and where will it be held?

이 컨퍼런스는 며칠에 진행되며, 어디에서 열리나요?

 만점 답변 MP3 P4_답변 1_Q8

The conference will take place on Monday, August 22nd. It will be held at the Washington Conference Center.

이 컨퍼런스는 8월 22일 월요일에 진행됩니다. Washington Conference Center에서 열릴 것입니다.

Q9

I heard the fee is 35 dollars for all attendees. Is that right?

입장료는 참석자들 모두 35달러라고 들었습니다. 맞나요?

 만점 답변 MP3 P4_답변 1_Q9

Actually, it is free for students with a student ID. It is 35 dollars for everyone else.

음, 학생증을 지참한 학생들은 무료입니다. 그 외 다른 사람들은 모두 35달러입니다.

Q10

I'm looking forward to hearing Becky Ferrick talk at the conference. Can you give me all the details about the sessions led by Becky Ferrick?

이 컨퍼런스에서 Becky Ferrick의 강연을 듣는 것을 굉장히 고대하고 있습니다. Becky Ferrick이 진행하는 세션들의 세부 사항을 모두 알려 주실 수 있나요?

 만점 답변 MP3 P4_답변 1_Q10

Sure. First, Becky Ferrick will lead a group activity on cross-cultural communication from 11 A.M. to noon. Then, from 2 to 3 P.M., there will be a presentation about analyzing sounds given by Becky Ferrick. So it looks like she will lead two sessions.

물론이죠. 우선, 오전 11시부터 정오까지 Becky Ferrick이 다문화 커뮤니케이션에 대한 단체 활동을 진행할 것입니다. 그리고 오후 2시부터 3시까지 Becky Ferrick으로 의해 진행되는 소리의 분석에 관한 발표가 있을 것입니다. 그래서 이분이 두 개의 세션을 진행할 것으로 보입니다.

St. Paul Community Center

Art class schedule:

Winter Program dates: Dec. 31 - Feb. 12

Tuition: $220 / per class

Class Name	Day of the week	Class Time	Instructor
Beginning watercolor	Tuesdays	9:00 - 11:00 A.M.	Jane Walker
Advanced sculpture	Wednesdays	5:00 - 7:00 P.M.	Paul Bauer
Advanced photography	Thursdays	5:00 - 7:00 P.M.	Liam Davis
Beginning oil painting	Fridays	9:00 - 11:00 A.M.	Sarah Wilson
Advanced graphic design	Saturdays	5:00 - 7:00 P.M.	Bill Miller

St. Paul Community Center

미술 수업 일정:

겨울 프로그램 날짜: 12월 31일 – 2월 12일

수강료: 220달러 / 각 수업

수업명	요일	수업 시간	강사
수채화 초급반	화요일	오전 9:00 – 11:00	Jane Walker
조소 고급반	수요일	오후 5:00 – 7:00	Paul Bauer
사진 고급반	목요일	오후 5:00 – 7:00	Liam Davis
유화 초급반	금요일	오전 9:00 – 11:00	Sarah Wilson
그래픽 디자인 고급반	토요일	오후 5:00 – 7:00.	Bill Miller

Hello, I heard you'll be offering art classes this winter. I was hoping you could give me more information.

안녕하세요. 이번 겨울에 미술 수업을 진행하신다고 들었습니다. 좀 더 자세히 알려 주실 수 있나 해서요.

Q8

On what date does the winter program start, and how much does each class cost?

이 겨울 프로그램이 며칠에 시작하며, 각 수업의 수강료가 얼마인가요?

 만점 답변   🎧 MP3 P4_답변 2_Q8

The program starts on December 31st and the tuition is 220 dollars per class.

이 프로그램은 12월 31일에 시작하며 수강료는 각 수업 당 220달러입니다.

Q9

I heard that you offer some classes on Sundays as well. Could you confirm that for me?

일요일에도 수업이 진행된다고 들었습니다. 확인해 주실 수 있나요?

 만점 답변   🎧 MP3 P4_답변 2_Q9

Actually, there are no classes on Sundays.

음, 일요일에는 수업이 없습니다.

Q10

I don't have any previous experience with art. Could you give me all the information you have about your classes for beginners?

저는 미술 분야 경험이 전혀 없어요. 초보자를 위한 수업과 관련된 정보를 모두 알려 주시겠어요?

 만점 답변   🎧 MP3 P4_답변 2_Q10

Sure. First, there will be a watercolor class for beginners on Tuesdays from 9 to 11 A.M. The instructor is Jane Walker. Also, there is going to be an oil painting class for beginners on Fridays from 9 to 11 A.M. The instructor is Sarah Wilson. So, it looks like there are 2 kinds of classes for beginners in total.

물론이죠. 우선, 목요일 오전 9시부터 11시까지 초보자들을 위한 수채화 수업이 있을 것입니다. 강사는 Jane Walker입니다. 그리고 금요일 오전 9시부터 11시까지 초보자들을 위한 유화 수업이 있을 예정입니다. 강사는 Sarah Wilson입니다. 그래서 초보자를 위한 수업은 총 2종류가 있는 것으로 보이네요.

Washington Post Newspaper Job Interview Schedule: Friday, July 28th 9:30-1:30 Location: Seminar Room A, 5th floor, Hampton Building			
Time	Applicants	Desired Position	Current Employer
9:30~10:00	Susan Miles	graphic designer	Porcelain Designs
10:00~10:30	Hannah Nelson	design editor	Fashion Week Magazine
10:30~11:00	Louis Roberts	news reporter	BTC News Corporation
11:00~11:30	Stephanie Carter	assistant designer	Central Times Inc.
11:30~12:00	Lily Hill	news reporter	Voice Newspaper
1:00~1:30	Daniel Richard	sports editor	All About Athletes Magazine

Materials for the interviews (available to be picked up at Human Resources)

Washington Post Newspaper 면접 일정: 7월 28일, 금요일 9시 30분 – 1시 30분 장소: 세미나 룸 A, 5층, Hampton Building			
시간	지원자	희망 직책	현재 고용주
9:30~10:00	Susan Miles	그래픽 디자이너	Porcelain Designs
10:00~10:30	Hannah Nelson	디자인 편집자	Fashion Week Magazine
10:30~11:00	Louis Roberts	취재 기자	BTC News Corporation
11:00~11:30	Stephanie Carter	보조 디자이너	Central Times Inc.
11:30~12:00	Lily Hill	취재 기자	Voice Newspaper
1:00~1:30	Daniel Richard	스포츠 편집자	All About Athletes Magazine

면접 관련 자료 (가져갈 수 있도록 인사과에 준비되어 있음)

Hello, my name is Sam Wright. I'm one of the interviewers and I have some questions.

안녕하세요, 저는 Sam Wright입니다. 면접관 중 한 명인데 몇 가지 질문이 있습니다.

Q8

Where are the interviews going to be held, and what time does the first session start?

면접이 어디에서 진행될 예정이며, 첫 일정은 몇 시에 시작하나요?

 **만점 답변** 🎧 MP3 P4_답변 3_Q8

The interviews are going to be held in Seminar Room A on the 5th floor of the Hampton Building. And the first session starts at 9:30 A.M.

면접은 Hampton Building 5층에 있는 세미나룸 A에서 진행될 예정입니다. 첫 일정은 오전 9시30분에 시작합니다.

Q9

Is it possible to get materials for the interviews?

면접 관련 자료를 받는 것이 가능한가요?

 **만점 답변** 🎧 MP3 P4_답변 3_Q9

Yes, materials for the interviews are available to be picked up at Human Resources.

네, 면접 관련 자료는 가져가실 수 있도록 인사과에 준비되어 있습니다.

Q10

Could you please tell me about the interview schedules for editorial positions?

편집 관련 직책의 면접 일정에 대해 말해 주시겠어요?

 만점 답변 🎧 MP3 P4_답변 3_Q10

Sure. First, from 10 to 10:30, you'll interview Hannah Nelson for the design editor position. Her current employer is Fashion Week Magazine. Then from 1 to 1:30, Daniel Richard will be interviewed for the sports editor position. His current employer is All About Athletes Magazine.

물론이죠. 우선 10시부터 10시 30분까지 디자인 편집자 자리에 지원하는 Hannah Nelson을 면접 보실 것입니다. 그녀는 현재 Fashion Week Magazine에 몸담고 있습니다. 그리고 1시부터 1시 30분까지 스포츠 편집자 자리에 지원하는 Daniel Richard 의 면접이 진행될 것입니다. 그는 현재 All About Athletes Magazine에서 일하고 있습니다.

PART 4

TEST 1

Do you agree or disagree with the following statement? "Communicating with someone by email can be as effective as communicating in person." Give reasons or examples to support your opinion.

다음 의견에 동의하십니까? 동의하지 않으십니까? "이메일로 누군가와 소통하는 것은 직접 소통하는 것만큼 효과적일 수 있다." 이유나 예시를 들어 의견을 설명하세요.

 만점 답변　　　　　　　　　　　　　　　　　　　　　　　🎧 MP3 P5_답변 1_Q11

I agree with the following statement, "Communicating with someone by email can be as effective as communicating in person." and I have a few reasons for thinking this. The first reason is that people don't have to worry about setting up a place to meet or traveling back and forth if they communicate by email. In other words, this can be an effective way to save time. Another reason is that it is easier for people to review previous conversations if they use email to communicate. So, these are the main reasons why I agree with the following statement, "Communicating with someone by email can be as effective as communicating in person."

저는 "이메일로 누군가와 소통하는 것은 직접 소통하는 것만큼 효과적일 수 있다"라는 의견에 동의합니다. 이렇게 생각하는 데에는 몇 가지 이유가 있는데요. 첫 번째 이유는 이메일로 소통하면 사람들은 만날 장소를 정하거나 왔다 갔다 이동하는 것에 대해 걱정하지 않아도 된다는 것입니다. 다시 말하자면 이것은 시간을 절약하는 효과적인 방법입니다. 또 다른 이유는 이메일로 소통하면 이전에 나누었던 대화들을 더 쉽게 다시 볼 수 있다는 것입니다. 이런 이유들로 저는 "이메일로 누군가와 소통하는 것은 직접 소통하는 것만큼 효과적일 수 있다"라는 의견에 동의합니다.

TEST 2

If you were learning a new language, which way would you prefer: taking a course in a classroom with a teacher or taking an online course? Why? Give reasons or examples to support your opinion.

당신이 만약 새로운 언어를 배운다면 교실에서 선생님과 함께 하는 수업을 수강하는 것과 온라인 수업을 수강하는 것 중 무엇을 선호하나요? 왜 그런가요? 이유나 예시를 들어 의견을 설명하세요.

 만점 답변 🎧 MP3 P5_답변 2_Q11

If I were learning a new language, I would prefer taking a course in a classroom with a teacher. I have a few reasons for this. The first reason is that if I have questions about something, I can always ask the teacher. Also, my classmates and I can share useful information about a lot of things. The last reason is that I am an extroverted person, so I feel more comfortable when I'm with people. For me, spending time with other people is more enjoyable than being alone. So, these are the main reasons why I would prefer taking a course in a classroom with a teacher if I were learning a new language.

제가 만약 새로운 언어를 배운다면 교실에서 선생님과 함께 하는 수업을 수강하는 것을 선호합니다. 몇 가지 이유가 있는데요. 첫 번째 이유는 어떤 질문이 있을 때 언제든 선생님께 여쭤볼 수 있다는 것입니다. 그리고 반 친구들과 제가 여러 가지 많은 유용한 정보를 공유할 수도 있고요. 마지막으로 저는 외향적이어서 사람들과 함께일 때 더 마음이 편해요. 저는 다른 이들과 함께 시간을 보내는 것이 혼자 있는 것보다 더 즐겁습니다. 이런 이유들로 제가 새로운 언어를 배운다면 교실에서 선생님과 함께 하는 수업을 수강하는 것을 선호합니다.

TEST 3

In your opinion, which of the following people is the best person to ask for advice before you make an important decision? Choose one of the options provided below and use specific reasons and examples to support your choice.

- A supervisor
- A family member
- A friend

중요한 결정을 하기 전에 다음 중 어떤 사람이 조언을 구하기 가장 좋은 사람이라고 생각하십니까? 아래 제시된 옵션들 중 하나를 선택하여 구체적인 이유와 예시를 들어 의견을 설명하세요.
- 상사
- 가족
- 친구

 만점 답변　　　　　　　　　　　　　　　　　　　MP3 P5_답변 3_Q11

In my opinion, the best person to ask for advice before I make an important decision is a family member. I have several reasons for this. The first reason is that many important decisions in my life can be directly related to my family members. Also, my family knows me better than anybody else does. I will share my personal experience as an example. In my case, I always talk to my sister when I have important decisions to make, and her advice is always sincere and helpful. So, these are the main reasons why I think the best person to ask for advice is a family member.

저는 중요한 결정을 하기 전에 조언을 구하기 가장 좋은 사람은 가족이라고 생각합니다. 몇 가지 이유가 있는데요. 첫 번째 이유는 제 인생의 많은 중요한 결정들이 제 가족들과 직접적으로 관련이 있을 수 있다는 것입니다. 또한, 제 가족은 그 누구보다 저를 잘 알고요. 제 개인적인 경험을 예시로 말해보도록 하겠습니다. 제 경우에는 중요한 결정을 해야 할 때 누나에게 얘기를 하는데 누나의 조언은 항상 진실되고 도움이 됩니다. 이런 이유들로 저는 조언을 구하기 가장 좋은 사람은 가족이라고 생각합니다.

TEST 4

Do you think it's a good idea for children to learn how to cook? Why or Why not? Give specific reasons and examples to support your opinion.

아이들이 요리를 배우는 것이 좋은 아이디어라고 생각하나요? 그렇거나 그렇지 않은 이유는 무엇인가요? 구체적인 이유와 예시를 들어 의견을 설명하세요.

I think it's a good idea for children to learn how to cook. And I have a few reasons for thinking this. The first reason is that cooking can be a fun hobby. Cooking with their friends or their parents can relieve their stress. Another reason is that learning to cook can have a positive effect on children's creativity. They can think about various tastes, colors and more, and I believe that this is good for their imagination. So, these are the main reasons why I think it's a good idea for children to learn how to cook.

저는 아이들이 요리를 배우는 것이 좋은 아이디어라고 생각합니다. 이렇게 생각하는 데에는 몇 가지 이유가 있습니다. 첫 번째 이유로 요리하는 것이 재밌는 취미가 될 수 있습니다. 친구나 부모님과 함께 요리를 하는 것은 아이들의 스트레스를 풀어 줄 수 있어요. 또 다른 이유로 요리를 배우는 것은 아이들의 창의력에 긍정적인 영향을 미칠 수 있습니다. 아이들이 다양한 맛과 색감 등에 대해 생각할 수 있고 그것은 그들의 상상력에도 좋을 것이라 여겨집니다. 이런 이유들로 저는 아이들이 요리를 배우는 것이 좋은 아이디어라고 생각합니다.

TEST 5

For a company, what are the disadvantages of letting employees use the Internet during their workhours? Give reasons or examples to support your opinion.

회사 입장에서 직원들이 업무 시간에 인터넷을 사용할 수 있도록 허용하는 것의 단점은 무엇일까요? 이유와 예시를 들어 의견을 설명하세요.

 만점 답변 🎧 MP3 P5_답변 5_Q11

There are several disadvantages of letting employees use the Internet during their work hours. Let me explain the main disadvantages. First of all, using the Internet can distract employees from concentrating on their tasks. I will share my experience as an example. In my case, I'm allowed to use the Internet during my work hours, and sometimes I spend hours looking at ads and gossip articles. Another disadvantage is that spending too much time on the Internet can have a negative effect on people's eyes and posture. So, these are the main disadvantages of letting employees use the Internet during their work hours.

직원들이 업무 시간에 인터넷을 사용할 수 있도록 허용하는 것에는 여러 가지 단점이 있습니다. 주요 단점들을 설명하겠습니다. 우선, 인터넷 사용은 직원들이 업무에 집중하는 것을 방해할 수 있습니다. 제 경험을 예시로 말해 보겠습니다. 제 경우에는 근무 시간 동안 인터넷 사용이 허용되어 있어서 때때로 광고나 가십 기사들을 보면서 시간을 보냅니다. 다른 단점은 인터넷에 너무 많은 시간을 들이면 사람들의 눈과 자세에 부정적인 영향을 줄 수 있다는 것입니다. 이런 것들이 직원들이 업무 시간에 인터넷을 사용할 수 있도록 허용하는 것의 주된 단점들입니다.

ACTUAL TEST
만점 답변 및 해석

PART 1　지문 읽기 (Q1-2)

Q1　🎧 MP3 테스트 1_답변 Q1

Did you know the Clayton Community Center now offers art classes for adults? // In addition, / the center offers music, (→) / cooking, (→) / and business classes (→) for all members of the community. (↘) // If you would like to learn more about what's available, / visit the center's website!

Clayton Community Center에서 지금 성인을 위한 미술 수업을 열고 있다는 것을 알고 계셨나요? 이 외에도, 센터에서는 모든 지역 주민들을 위한 음악, 요리, 그리고 비즈니스 수업을 제공하고 있습니다. 진행 중인 수업에 대해 더 알고 싶으시면, 센터의 웹사이트를 방문해 주세요!

📖 만점 답변 기술 적용

1 강세

· 문장에서 주된 의미를 갖는 단어에 강세를 넣어 줍니다. 전치사, 관사를 제외한 대부분의 단어에 자연스럽게 강세를 넣어주면 됩니다.

2 연음 규칙

· 자음 바로 뒤에 모음 발음이 나오면 연음 처리를 하는 것이 유창하게 읽는 방법입니다.

3 억양

· A, B, and C로 문장이 끝나지 않고 그 뒤에 내용이 더 나올 경우에는 A, B, C 세 개 다 끝 억양을 (과하지 않게) 살짝 올리든, 살짝 내리든 상관없습니다. 문장의 마지막 단어(community)에서 억양을 쭉 내려서 문장이 끝났다는 것을 알리는 것이 중요합니다.

4 장음 / 단음

· 지문 속 community / addition / music / cooking / business / visit에 들어 있는 'i'는 모두 단음입니다. 입 모양을 옆으로 늘리지 말고 입이 편안한 상태를 유지하며 짧게 발음해야 합니다.

📖 점수 팁

· 명사나 동사 뒤에 −s나 −es가 들어 있는 단어들이 많이 출제됩니다. 준비 시간 동안 해당 단어들을 일일이 찾아보고 −s나 −es를 빠뜨리지 않고 발음하도록 준비해야 합니다. 's 와 같이 apostrophe(아포스트로피) 뒤에 s가 있는 경우에는 실수가 흔하지 않으나, 명사나 동사 뒤에 −s나 −es가 들어 있는 단어에서 이 부분을 발음하지 않는 것은 굉장히 많은 응시자들이 하는 실수이므로 꼭 유의해야 합니다.

・쉼표, 마침표, 물음표, 느낌표 등 문장 부호에서는 쉬어야 합니다. 확실히 끊고 가지 않으면 전체적인 지문의 내용 전달이 잘 안 될 수 있습니다. 어떤 유형의 지문이 출제되더라도 꼭 신경을 써야 하는 부분입니다.

Q2 🎧 MP3 테스트 1_답변 Q2

Welcome, / shoppers! // Today only, / Plaza Market is offering a special discount. // You'll get a 40% discount on all fruits and vegetables. // Also, / don't forget to visit our new bakery section. // We have prepared over a hundred kinds of cakes, (→) / pies, (→) / and cookies (→) for you to take home. (↘) // When prices are this low, / you can afford to treat yourself and your entire family. // Plaza Market appreciates your business!

환영합니다, 고객님! 오늘 딱 하루, Plaza Market은 특별 할인을 제공하고 있습니다. 모든 과일과 야채를 40퍼센트 할인 받으실 수 있습니다. 그리고 새로 오픈한 제과 코너를 방문하시는 것을 잊지 마세요. 백 가지 종류가 넘는 케이크와 파이, 쿠키를 집에 가져가실 수 있도록 준비하였습니다. 가격이 이렇게 저렴하면 고객님과 고객님의 모든 가족들을 대접하기에도 부담이 없죠. Plaza Market을 이용해 주셔서 감사합니다!

📖 만점 답변 기술 적용

1 강세

・문장에서 주된 의미를 갖는 단어에 강세를 넣어 줍니다. 전치사, 관사를 제외한 대부분의 단어에 자연스럽게 강세를 넣어 주면 됩니다.

2 연음 규칙

・연음을 신경 써야 하는 부분이 연달아 나오면 발음이 꼬이는 경우가 있습니다. 부담 갖지 마시고 전치사, 동사, 접속사 앞에서 끊어 주면 됩니다.

Plaza Market / is offering a special discount. // You'll get a 40% discount / on all fruits / and vegetables. // We have prepared / over a hundred kinds / of cakes, / pies, / and cookies / for you to take home.

3 억양

・A, B, and C로 문장이 끝나지 않고 그 뒤에 내용이 더 나올 경우에는 A, B, C 세 개 다 끝 억양을 (과하지 않게) 살짝 올리든, 살짝 내리든 상관없습니다. 문장의 마지막 단어(home)에서 억양을 쭉 내려서 문장이 끝났다는 것을 알리는 것이 중요합니다.

4 장음 / 단음

・treat과 같은 장음 발음은 신경 써서 입 모양을 옆으로 늘리고 소리를 길게 발음해야 합니다.

📖 점수 팁

・명사나 동사 뒤에 -s나 -es가 들어 있는 단어를 미리 확인하세요.
・쉼표, 마침표, 물음표, 느낌표 등 문장 부호에서는 한 박자 쉬어야 합니다.

Q3

📖 **만점 답변 기술 적용**

1 노트테이킹

- a meeting room

  several people

  the only person standing / giving a presentation

  listening to the presentation / sitting around a large table

  a laptop computer / a big monitor

  serious / concentrating

2 첫 문장

- This picture was taken at a meeting room.
- This picture was taken at a place that appears to be a meeting room.

3 사람 묘사

- There are several people in the scene.
- The man in the center of the picture is the only person standing and he is giving a presentation.
- Everyone else is listening to the presentation while sitting around a large table.

4 사물/배경 묘사

- On the table, I see what appears to be a laptop computer.
- In the back of the room, there is a big monitor.

5 끝 문장

- Overall, this picture gives out a serious feeling because everyone is concentrating on what they're doing.

첫 문장

This picture was taken at a meeting room.

이것은 회의실에서 찍은 사진입니다.

사람 묘사

There are several people in the scene. The man in the center of the picture is the only person standing and he is giving a presentation. Everyone else is listening to the presentation while sitting around a large table.

장면 안에 여러 명의 사람들이 있습니다. 사진 중앙에 있는 남자는 유일하게 서 있으며 발표를 하고 있습니다. 다른 사람들은 모두 큰 테이블에 둘러앉아 발표를 듣고 있습니다.

사물/배경 묘사

On the table, I see what appears to be a laptop computer. In the back of the room, there is a big monitor.

테이블 위에는, 랩톱 컴퓨터 같은 것이 보입니다. 방의 뒤쪽에는 커다란 모니터가 있습니다.

끝 문장

Overall, this picture gives out a serious feeling because everyone is concentrating on what they're doing.

모든 사람들이 자기가 하는 일에 집중하고 있어서 전반적으로 이 사진은 진지한 느낌을 줍니다.

📖 점수 팁

· '사진 중앙에 있는 남자는 서 있다'는 The man in the center of the picture is standing이라고 말하면 됩니다. 그런데 사진에서 그 사람만 유일하게 그 행동을 하고 있는 경우에 the only person을 추가하면 더욱 명확한 묘사가 됩니다.

· 사진에서 보이는 것이 무엇인지 확신할 수 없는 경우에는 I see 뒤에 what appears to be를 넣으면 '~으로 보이는'이라는 의미로 추측을 나타내는 표현이 됩니다.

Q4

📖 만점 답변 기술 적용

■ 노트테이킹

· an office cafeteria

five people

standing / getting something out of a refrigerator

sitting at a small desk together

standing in the back of the room / having a conversation

a large window / some rounds lights hanging from the ceiling

relaxing

2 첫 문장

· This picture was taken at an office cafeteria.

· This picture was taken at a place that appears to be an office cafeteria.

3 사람 묘사

· There are five people in the scene.

· One of them is standing in the left of the picture. He is getting something out of a refrigerator.

· The two people in the right are sitting at a small desk together.

· The other two are standing in the back of the room and having a conversation.

4 사물/배경 묘사

· Behind these people, I see a large window.

· I can also see some rounds lights hanging from the ceiling.

5 끝 문장

· Overall, this picture gives out a relaxing feeling.

🎧 MP3 테스트 1_답변 Q4

만점 답변	
첫 문장	This picture was taken at a place that appears to be <u>an office cafeteria</u>. 이것은 회사 카페테리아로 보이는 장소에서 찍은 사진입니다.
사람 묘사	There are <u>five people</u> in the scene. One of them is <u>standing</u> in the left of the picture. He is <u>getting something out of a refrigerator</u>. The two people in the right are <u>sitting at a small desk together</u>. The other two are <u>standing in the back of the room</u> and <u>having a conversation</u>. 장면 안에 다섯 명의 사람들이 있습니다. 그들 중 한 명은 사진 왼쪽에 서 있습니다. 그는 냉장고에서 무언가를 꺼내고 있습니다. 오른쪽 두 명은 작은 책상에 함께 앉아 있습니다. 나머지 두 명은 뒤쪽 공간에서 서서 대화 중입니다.
사물/배경 묘사	Behind these people, I see <u>a large window</u>. I can also see <u>some rounds lights hanging from the ceiling</u>. 사람들 뒤쪽으로 큰 창문이 보입니다. 몇 개의 동그란 조명들이 천장에 달려 있는 것도 보입니다.
끝 문장	Overall, this picture gives out a <u>relaxing</u> feeling. 전반적으로 이 사진은 편안한 느낌을 줍니다.

 **점수 팁**

· Overall, this picture gives out a relaxing feeling because everyone in the scene is having a comfortable time.과 같은 끝 문장을 말하려고 준비하고 있었더라도 답변 시간이 부족하면 Overall, this picture gives out a relaxing feeling.으로 끝내는 순발력이 필요합니다.

PART 3 **질문에 답하기 (Q5-7)**

Q5-7

Imagine that a restaurant chain is doing market research in your area. You have agreed to participate in a telephone interview about ordering food for delivery.

한 체인 레스토랑이 당신의 동네에서 시장 조사를 하고 있다고 상상해 보세요. 당신은 음식 배달 주문에 관한 전화 인터뷰에 응하기로 했습니다.

Q5

How often do you order delivery food and does your favorite restaurant offer a delivery service?

얼마나 자주 배달 음식을 주문하나요, 그리고 가장 좋아하는 식당은 배달 서비스를 제공하나요?

 **만점 답변**   🎧 MP3 테스트 1_ 답변 Q5

I order delivery food once or twice a week. I usually order delivery food after work when I don't feel like cooking. Oh, and my favorite restaurant doesn't offer a delivery service.

저는 일주일에 한두 번 배달 음식을 주문해요. 퇴근 후 요리하고 싶지 않을 때 주로 배달 음식을 시켜요. 아, 그리고 제가 제일 좋아하는 식당은 배달 서비스를 제공하지 않습니다.

Q6

What kind of delivery food are you most likely to have delivered to your home or workplace? Why?

당신은 집이나 회사로 어떤 종류의 배달 음식을 배달시킬 가능성이 가장 높나요? 이유는?

 **만점 답변 기술 적용**

1 질문 유형 파악 What (의문 대명사)

· What으로 시작하는 질문은 가장 순발력을 요구하는 질문입니다. (What kind of delivery food → fried chicken)

- 질문의 의미는 파악이 되었는데 문장 구조가 복잡하여 질문을 활용한 'I am most likely to have 음식 이름 delivered to my home or workplace'라는 답변을 만드는 것이 어렵다면 'I usually order 음식 이름.'과 같이 간단하게 만들 수 있는 답변도 좋습니다.

② Q5, Q6 추가 문장 만들기

- 가장 쉽고 빠르게 생각해 낼 수 있는 아이디어 유형 중 하나가 '나는 뭐가 좋아', '우리 가족은 뭐를 별로 안 좋아해'와 같이 개인적인 성향이나 취향에 대해 말하는 것입니다. 진실만 말하려 하면 창작이 제한된다는 점 기억하세요.

④ 필수 표현 활용하기

- 'Eating fried food always enhances my mood(튀긴 음식을 먹는 것은 언제나 나의 기분을 향상시켜 줍니다).'와 같이 필수 표현에서 배운 표현을 활용하여 나만의 문장을 만들어 보세요.

 만점 답변   🎧 MP3 테스트 1_답변 Q6

I usually order fried chicken. Fried chicken is my favorite kind of food. I have an older sister and a younger brother and they both like fried chicken, too.

저는 주로 프라이드치킨을 주문해요. 프라이드치킨은 제가 제일 좋아하는 음식이거든요. 언니랑 남동생이 있는데 그들도 프라이드치킨을 좋아한답니다.

Q7

Do you usually order delivery food when you're alone or when you're with friends? Why?

당신은 주로 혼자 있을 때 배달 음식을 주문하나요, 친구들과 함께 있을 때 주문하나요? 왜 그런가요?

📖 만점 답변 기술 적용

③ Q7 30초 답변 템플릿

서론	양자 택일 질문입니다. 질문에 or가 보이면 or 앞부분과 뒷부분 중 하나를 선택해야 합니다. 이 점을 숙지해야 순발력 있게 좋은 첫 문장을 만들어 낼 수 있습니다.
본론 (이유 1) / 본론 (이유 2)	앞서 배운 '정확한 의사 전달을 위한 말투'를 잘 활용하면 끝도 없이 다양한 문장이 나올 수 있습니다. '주어 can 동사'를 '주어 can't 동사'로 바꿔서도 연습해 보고, 그 앞이나 뒤에 'When 문장 / If 문장 / In order to 동사'를 추가해 보기도 하며 다양하게 연습하세요.
결론	실제 시험에서 So, these are the main reasons why I usually order delivery food when I'm with friends.라고 말하기에 시간이 부족하면, (So,) These are the main reasons. 혹은 (So,) These are the main reasons for my opinion. 정도로 줄일 수 있어야 합니다.

서론 I usually order delivery food when I'm with friends. I have a few reasons for this.

저는 주로 친구랑 함께 있을 때 배달 음식을 주문해요. 몇 가지 이유가 있는데요.

본론 First of all, if I get anything delivered when I'm alone, I usually can't finish it.

첫 번째로는, 혼자 있을 때 뭔가를 배달시키면 주로 다 못 먹어요.

본론 Also, when my friends and I order something together, we can split the cost.

또한, 친구들과 제가 뭔가를 함께 주문하면 비용을 분담할 수 있거든요.

결론 So, these are the main reasons why I usually order delivery food when I'm with friends.

이런 이유들로 저는 주로 친구들과 함께 있을 때 배달 음식을 주문해요.

PART 4 제공된 정보를 사용하여 질문에 답하기 (Q8-10)

Q8-10

Orlando Corporation: New Employee Orientation Nov. 12th Conference Room D		
8:30-9:00 A.M.	Breakfast	
9:00-9:30 A.M.	Welcome Address	Sharon Conner, President
9:30-10:00 A.M.	Workshop: Positive Feedback	Ken Johnson, Vice President
10:00-10:30 A.M.	Training: Company Policies	Jake Young, Human Resources
10:30-11:00 A.M.	Video: Our Future Goals	
11:00-11:30 A.M.	Building Tour	John Peters, Human Resources
11:30-12:00 P.M.	Training: The Importance of Public Speech	Angelina Yoon

Orlando Corporation: 신입 직원 오리엔테이션 11월 12일, 컨퍼런스 룸 D		
오전 8:30-9:00	조식	
오전 9:00-9:30	환영사	Sharon Conner, 사장
오전 9:30-10:00	워크숍: 긍정적인 피드백	Ken Johnson, 부사장
오전 10:00-10:30	트레이닝: 회사 정책	Jake Young, 인사부
오전 10:30-11:00	비디오: 우리의 미래 목표	
오전 11:00-11:30	건물 투어	John Peters, 인사부
오전 11:30- 오후12:00	트레이닝: 공개 연설의 중요성	Angelina Yoon

> Hi, my name is David Williams. I'm supposed to attend the new employee orientation but I lost my schedule. Could you answer some questions for me?
>
> 안녕하세요. 제 이름은 David Williams입니다. 신입 직원 오리엔테이션에 참석하기로 되어 있는데 일정표를 분실했습니다. 몇 가지 질문에 답해 주시겠어요?

📖 만점 답변 기술 적용

1 표 분석하여 질문 예상하기

- Q8에서는 행사 장소, 시간, 날짜, 첫 번째 일정, 마지막 일정을 묻는 질문이 가장 빈번히 출제됩니다.
- Q9에서는 정보를 정정해야 하는 질문이 가장 빈번하게 출제됩니다. 표의 머리 내용뿐 아니라 특정 일정에 대해서 물어볼 수도 있습니다. 또한 표 안에 취소되거나 연기된 일정이 보인다면 출제될 확률이 높습니다.
- Q10에서는 공통된 정보가 포함된 일정, 특정 시간이나 점심시간 전/후 일정, 하나의 제목으로 묶여진 세부 사항이 출제될 가능성이 높습니다.

2 답변 만들기 공식

- Q8 답변으로 장소, 시간, 날짜에 대한 정보를 말해야 할 경우에는 '열리다/개최되다/진행되다'라는 의미를 가진 take place를 사용하여 '주제 will take place ~'라고 문장을 시작하고 그 뒤에 장소나 시간, 혹은 날짜를 붙여 주기만 하면 좋은 답변이 됩니다.
- Q9 답변으로 정보를 정정해 주어야 한다면 No 혹은 You are wrong이라고 하는 것보다 Actually 정도로 부드럽게 답변을 시작하세요. 그리고 나서 올바른 정보를 말해주면 됩니다.
- Q10 답변으로 두 개의 일정을 말할 때 First of all / Also와 같은 단어를 사용한다면 더욱 정리된 답변이 됩니다.

Q8

> **On what date** will the orientation take place and **where** will it be held?
>
> 오리엔테이션이 어떤 날짜에 진행되며 어디에서 열리나요?

📖 점수 팁

- On what date은 날짜를 묻는 질문입니다. 날짜 앞에 on을 넣어 답변해야 합니다.
- where은 장소를 묻는 질문입니다. 장소 앞에 in / at 등을 넣어 답변합니다.

👍 만점 답변 　　　　　　　　　　　　　　　　🎧 MP3 테스트 1_답변 Q8

The new employee orientation will take place on November 12th in Conference Room D.

신입 직원 오리엔테이션은 11월 12일에 컨퍼런스 룸 D에서 진행될 것입니다.

Q9

I heard there will be a video session about our company's history. Can you confirm that for me?

회사의 역사에 관한 비디오 시청 시간이 있을 거라고 들었습니다. 확인해 주실 수 있나요?

 만점 답변 　　　　　　　　　　　　　　　　　　　　🎧 MP3 테스트 1_답변 Q9

Actually, the video is about "Our Future Goals." This session will be held from 10:30 to 11 A.M.

사실 비디오는 '우리의 미래 목표'에 관한 것입니다. 이 세션은 오전 10시 30분부터 11시까지 진행될 것입니다.

Q10

Could you please tell me all the sessions that are led by the Human Resources department?

인사부에서 진행하는 모든 세션을 제게 말씀해 주실 수 있나요?

 만점 답변 　　　　　　　　　　　　　　　　　　　　🎧 MP3 테스트 1_답변 Q10

Sure. First of all, from 10 to 10:30 A.M., there will be a training session on "Company Policies." This training will be led by Jake Young from the Human Resources department. And from 11:00 to 11:30 A.M., John Peters from the HR department will lead the building tour. So, it looks like there will be 2 sessions led by people from the HR department.

물론이죠. 우선, 오전 10시부터 10시 30분까지 '회사 정책'에 관한 트레이닝 세션이 있을 것입니다. 이 트레이닝은 인사부의 Jake Young 씨께서 진행해 주실 것입니다. 그리고 오전 11시부터 11시 30분까지 인사부의 John Peters 씨께서 건물 투어를 진행해 주실 것입니다. 인사부 사람들이 진행하는 세션은 두 개가 있는 것으로 보이네요.

 **점수 팁**

· Could you ~? / Can you ~? / Would you ~?로 시작하는 질문에는 Sure / No problem / Of course와 같은 친절한 표현으로 답변을 시작해 주는 것이 자연스럽습니다.

· '일정 will be led by 누구' (수동태) 형식의 문장과 '누구 will lead 일정' (능동태) 형식의 문장을 번갈아 사용 하면 답변이 더욱 유창하게 들립니다. 유창성은 점수에 큰 영향을 미치는 요소입니다.

· 답변 시간이 많이 남으면 마지막에 '인사부 사람들이 진행하는 세션은 두 개가 있는 것으로 보이네요'와 같이 시간을 채워 줄 수 있는 정리 문장을 추가하면 좋습니다.

Q11

For university students, is it better to spend a long vacation from school working at an internship or studying? Why? Give reasons or examples to support your opinion.

대학생들이 긴 방학을 인턴십을 하며 보내는 것이 나을까요, 공부를 하며 보내는 것이 나을까요? 왜 그렇게 생각하시나요? 이유나 예시를 들어 의견을 설명하세요.

📖 만점 답변 기술 적용

1 첫 문장 / 끝 문장 구상하기

첫 문장	For university students, it is better to spend a long vacation from school working at an internship and I have a few reasons for this.
끝 문장	So, these are the main reasons why I think it is better for university students to spend a long vacation from school working at an internship.

2 본론 (이유) 만들기 / 부연 설명

이유 1	difficult + get a job
부연 설명	companies + hire people with experience

→ 'It is difficult for 누구 to 동사'와 같은 필수 표현에 '누구'와 '동사' 자리에 들어갈 단어만 생각해내는 방식으로 연습하면, 실수 없고 안정적인 문장을 만들 수 있는 확률이 월등히 높아집니다.

이유 2	more tasks in less time
부연 설명	내 경험 / easier to train

→ 이 질문은 p.137 출제율 1위 문제 유형 답변 템플릿과 관련이 있습니다. '인턴십 경험이 있는 사람들이 짧은 시간에 비교적 많은 업무를 해낼 수 있을 것이다'와 같은 문장을 활용할 수 있습니다.

첫 문장 · For university students, it is better to spend a long vacation from school working at an internship and I have a few reasons for thinking this.

대학생들이 긴 방학을 인턴십을 하며 보내는 것이 더 낫다고 생각하며 이렇게 생각하는 데에는 여러 가지 이유가 있습니다.

이유 1 The first reason is that it is difficult for young people to get a job these days.

첫 번째 이유는, 요즘 젊은 사람들에게 취업이 어렵습니다.

부연 설명 Companies are more likely to hire people with internship experience.

회사들은 인턴십 경험이 있는 사람들을 채용할 가능성이 더 높습니다.

이유 2 Also, when students get a job after graduation, they would be able to accomplish more tasks in less time if they had internship experience.

또한, 학생들이 졸업 후에 취업했을 때 인턴십 경험이 있다면 더 적은 시간에 더 많은 업무를 해낼 수 있을 것입니다.

부연 설명 I will share my experience as an example. At my workplace, we hire people every year. Some new hires already have some experience and it is much easier to train them.

제 경험을 예시로 말해보겠습니다. 저희 회사는 매년 사람들을 채용합니다. 몇몇 신입 직원들은 어느 정도의 경험을 이미 가지고 있는데, 그들은 교육을 하기가 훨씬 수월합니다.

끝 문장 So, these are the main reasons why I think it is better for university students to spend a long vacation from school working at an internship.

이런 이유들로, 대학생들이 긴 방학을 인턴십을 하며 보내는 것이 더 낫다고 생각합니다.

📖 **점수 팁**

· 만점 답변을 접하며 'Companies are more likely to hire people with internship experience'와 같은 문장이 생소하게 느껴지거나 다른 이유로 입에 붙지 않는다면, 좀 더 친숙한 표현으로 바꿔주면 됩니다. 'It is 형용사 for 누구 to 동사'를 사용하여 'It is easier for people with internship experience to get a job'으로 대체해도 비슷한 의미가 됩니다. 만점 답변을 외우는 것보다 배운 표현을 사용하여 나만의 문장을 만드는 연습이 훨씬 중요하다는 것을 잊지 마세요.

Q1　🎧 MP3 테스트 2_답변 Q1

Thanks for watching the Daily News Traffic Report. // Currently, / there are some delays on Third Avenue due to roadwork. // There are also minor delays on Route Nine, (→) / Jefferson Road, (→) / and Highway Fifteen. (↘) // If you're planning on taking those roads, / you might want to find alternate routes. // However, / traffic in the east of the city is moving smoothly.

Daily News Traffic Report을 시청해 주셔서 감사합니다. 현재, 도로 보수 작업으로 인해 Third Avenue에 교통 정체가 있습니다. Route Nine과 Jefferson Road, Highway Fifteen에도 약간의 정체가 있습니다. 이 도로를 이용할 계획이시면 다른 경로를 찾아보시는 것이 좋겠습니다. 하지만 도시의 동쪽 지역은 교통이 원활합니다.

📖 **만점 답변 기술 적용**

1 강세

· 문장에서 주된 의미를 갖는 단어에 강세를 넣어 줍니다. 전치사, 관사를 제외한 대부분의 단어에 자연스럽게 강세를 넣어 주면 됩니다.

2 연음 규칙

· 자음 바로 뒤에 모음 발음이 나오면 연음 처리를 하는 것이 유창하게 읽는 방법입니다.

3 억양

· A, B, and C로 문장이 끝나면 A, B는 끝 억양을 (과하지 않게) 살짝 올리든, 살짝 내리든 상관없습니다. 마지막 단어인 C가 끝날 때 억양을 쭉 내림으로써 문장이 끝났다는 것을 알리는 것이 중요합니다.

4 장음 / 단음

· Fifteen과 같은 장음 단어는 길게 발음하세요.

📖 **점수 팁**

· 명사나 동사 뒤에 -s나 -es가 들어 있는 단어는 유의해서 발음하세요.
· 쉼표, 마침표, 물음표, 느낌표 등 문장 부호에서는 쉬어야 합니다.
· alternate은 형용사와 동사 발음이 다릅니다. 동사는 단어 끝부분 발음이 -neit[네이t]이고 형용사는 단어 끝부분 발음이 -nət [너t]입니다. '지문 읽기'에서는 형용사가 훨씬 더 자주 출제됩니다.

I'm pleased to introduce today's keynote speaker Dr. Sydney Spencer. // She has been a biologist for more than thirty years and she has taught at several renowned universities. // Dr. Spencer credits her success to passionate colleagues, (→) / devoted staff, (→) / and supportive family. (↘) // Without further delay, / please welcome Dr. Spencer to the stage.

오늘의 기조 연설자 Sydney Spencer 박사님을 소개하게 되어 기쁩니다. 그녀는 30년 이상 생물학자로 일하며 명성 있는 여러 대학에서 강의를 했습니다. Spencer 박사님은 자신의 성공을 열정적인 동료들, 헌신적인 직원들, 힘이 되어 주는 가족들의 공으로 돌립니다. 더 이상의 지체 없이, Spencer 박사님을 무대로 환영해 주세요.

📖 만점 답변 기술 적용

1 강세

· 문장에서 주된 의미를 갖는 단어에 강세를 넣어 줍니다. 전치사, 관사를 제외한 대부분의 단어에 자연스럽게 강세를 넣어 주면 됩니다.

2 연음 규칙

· 연음을 신경 써야 하는 부분이 연달아 나오면 발음이 꼬이는 경우가 있습니다. 부담 갖지 말고 전치사, 동사, 접속사 앞에서 끊어 주면 됩니다.

She has been a biologist / for more than thirty years / and she has taught at several renowned universities.

3 억양

· A, B, and C로 문장이 끝나면 A, B는 끝 억양을 (과하지 않게) 살짝 올리든, 살짝 내리든 상관없습니다. 마지막 단어인 C가 끝날 때 억양을 쭉 내림으로써 문장이 끝났다는 것을 알리는 것이 중요합니다.

4 장음 / 단음

· please와 같은 장음 단어는 길게 발음하세요.

📖 점수 팁

· I'm과 같이 줄여져 있는 부분은 I am이라고 풀어 읽지 말고 지문에 나와 있는 그대로 읽으세요. 반대로 I am이라 출제되었다면 임의로 I'm이라고 줄여 읽지 말아야 합니다.

Q3

📖 만점 답변 기술 적용

1 노트테이킹

- a large park

  many people / standing near a pond

  can't really see the details

  trees & bushes

  tall buildings

  pleasant / having an enjoyable time

2 첫 문장

- This picture was taken at a large park.
- This picture was taken at a place that appears to be a large park.

3 사람 묘사

- In the foreground of the scene, I can see many people standing near what appears to be a pond.
- I can't really see the details of the people because everyone in the scene is standing very far from the camera.

4 사물/배경 묘사

- Behind the people, there are many trees and bushes that are full of green leaves.
- In the background, I see a lot of tall buildings.

5 끝 문장

- Overall, this picture gives out a pleasant feeling because everyone appears to be having an enjoyable time.

첫 문장   This picture was taken at a large park.

이것은 큰 공원에서 찍은 사진입니다.

사람 묘사   In the foreground of the scene, I can see many people standing near what appears to be a pond. I can't really see the details of the people because everyone in the scene is standing very far from the camera.

장면 앞쪽에 연못처럼 보이는 곳 근처에 많은 사람들이 서 있는 것이 보입니다. 장면 속 모든 사람들이 카메라에서 너무 멀리 떨어져 있어서 그들의 세부적인 것은 잘 보이지 않습니다.

사물/배경 묘사   Behind the people, there are many trees and bushes that are full of green leaves. In the background, I see a lot of tall buildings.

사람들 뒤쪽에 푸른 잎이 무성한 나무들과 덤불들이 많이 있습니다. 배경에 높은 건물들이 많이 보입니다.

끝 문장   Overall, this picture gives out a pleasant feeling because everyone appears to be having an enjoyable time.

모든 사람들이 즐거운 시간을 보내고 있는 듯 보여서 전반적으로 이 사진은 즐거운 느낌을 줍니다.

📖 점수 팁

· 앞서 배운 '사람 묘사' There are many people in the foreground of the scene. They are standing near what appears to be a pond.와 같은 문장을 In the foreground of the scene, I can see many people standing near what appears to be a pond.와 같이 한 문장으로 말하는 것도 가능합니다. 의미는 동일합니다.

· 묘사하고자 하는 요소가 너무 멀어서 자세히 보이지 않는다면 있는 그대로 말하는 것이 좋은 점수를 받을 수 있는 방법입니다. I can't really see the details of the parking lot because it is very far from the camera.와 같이 밑줄 부분만 시험에 나온 것으로 바꾸면 됩니다.

· 마지막 문장에서 be동사 is 대신 appears to be를 사용하면 '~으로 보이는'이라는 의미가 됩니다. 사람 묘사에서 사람들이 멀리 있어서 세부적인 모습은 잘 보이지 않는다고 하였기에 마지막 문장에 appears to be가 어울립니다.

Q4

1 노트테이킹

· a spacious street

  several people

  walking

  standing

  stands out – the man in the left / riding a bicycle

  many beautiful antique buildings

  a short crosswalk

  hot

2 첫 문장

· This is a picture of a spacious street.

3 사람 묘사

· There are several people in the scene.

· Some are walking and some are standing.

· The person who stands out the most is the man in the left of the picture. He is riding a bicycle.

4 사물/배경 묘사

· On both sides of the street, there are many beautiful antique buildings.

· And in the middle of the street, I see a short crosswalk.

5 끝 문장

· By looking at the way these people are dressed, this picture was probably taken on a hot day.

👍 **만점 답변**   🎧 MP3 테스트 2_답변 Q4

첫 문장	This is a picture of **a spacious street**.
	이것은 널찍한 거리의 사진입니다.
사람 묘사	There are <u>several people</u> in the scene. Some are <u>walking</u> and some are <u>standing</u>. The person who <u>stands out</u> the most is <u>the man in the left</u> of the picture. He is <u>riding a bicycle</u>.
	장면 안에 여러 명의 사람들이 있습니다. 몇 명은 걷고 있고 몇 명은 서 있습니다. 가장 눈에 띄는 사람은 사진의 왼쪽에 있는 남자입니다. 그는 자전거를 타고 있습니다.

사물/배경 묘사	On both sides of the street, there are <u>many beautiful antique buildings</u>. And in the middle of the street, I see <u>a short crosswalk</u>.
	거리 양쪽에 아름다운 오래된 건물들이 많이 있습니다. 그리고 거리 중앙에 짧은 횡단보도가 보입니다.
끝 문장	By looking at the way these people are dressed, this picture was probably taken on a <u>hot</u> day.
	사람들의 복장으로 미루어 보았을 때 이 사진은 아마도 더운 날 찍힌 것으로 보입니다.

📙 점수 팁

· 가끔 장소를 파악하기 힘든 사진이 나오는데 그럴 때는 'This is a picture of 장소/사람'으로 묘사할 수 있습니다. 예를 들어 장소 파악이 힘든데 사진에 각 두 명의 남자와 여자가 보이면 This is a picture of two men and two women이라고 묘사할 수 있습니다.

· 'The person who stands out the most is ~/ The people who stand out the most are ~'는 사진에 눈에 띄는 사람(들)이 있을 때 사용하면 좋은 표현입니다. 간단하게 전체적인 사람 묘사를 한 후에 이 문장이 나오는 것이 좋습니다. The people who stand out the most are the two women in the middle of the picture. They are having a conversation.과 같은 문장을 말로 연습해 보세요.

· 날씨 문장은 마지막 문장으로도 잘 어울립니다. 날씨 단어만(hot, cold 등) 상황에 맞게 넣으세요.

PART 3 질문에 답하기 (Q5-7)

Q5-7

Imagine that an Australian marketing firm is doing research in your country. You have agreed to participate in a telephone interview about visiting your area.

한 호주 마케팅 기업이 당신의 나라에서 시장 조사를 하고 있다고 상상해 보세요. 당신의 지역을 방문하는 것에 관한 인터뷰에 응하기로 했습니다.

Q5

What time of the year is the best time to visit your area?

일 년 중 어느 시기가 당신의 지역을 방문하기에 가장 좋나요?

📙 만점 답변 기술 적용

1 질문 유형 파악 What (의문 대명사)

· What으로 시작하는 질문은 가장 순발력을 요구하는 질문입니다. 질문의 답이 될 수 있는 특정 명사를 빨리 떠올리는 것이

중요합니다.

· What time of the year에서 What time은 몇 시인지 '시간'을 묻는 질문이 아니라 '시기'를 묻는 질문입니다. Summer / Winter / August / May 등으로 답변할 수 있습니다.

2 추가 문장 만들기

· 여름은 summer sports / nice beaches, 겨울은 winter sports / snowboarding 등 이런 식으로 묶여질 수 있는 아이디어를 준비해 놓으면 효율적입니다.

4 필수 표현

· 'There are many _____.', 'You can 동사'와 같이 이미 알고 있는 표현을 응용하는 것이 좋은 답변을 만들 수 있는 안전한 방법입니다.

 **만점 답변**　　　　　　　　　　　　　　　　　　　　　　🎧 MP3 테스트 2 _ 답변 Q5

Summer is probably the best time to visit my area. There are a lot of nice beaches in my town, so you can enjoy all kinds of water sports in summer.

우리 지역을 방문하기에 가장 좋은 시기는 아마 여름입니다. 우리 동네에는 멋진 해변이 많아서 여름에 모든 종류의 수상 스포츠를 즐길 수 있어요.

Q6

What is the best way to get information about things to do in your area?

당신의 지역에서 할 수 있는 것들에 대한 정보를 얻을 수 있는 가장 좋은 방법은 무엇인가요?

📖 만점 답변 기술 적용

1 질문 유형 파악　　What (의문 대명사)

· What으로 시작하는 질문은 가장 순발력을 요구하는 질문입니다. 정보 관련 질문은 Where나 How로도 출제되는데 the Internet은 거의 모든 정보 관련 질문에 답변으로 사용할 수 있습니다.

2 추가 문장 만들기

· 구조가 어려운 고난도 문장을 만들려고 너무 고민하지 마세요. 질문에 어울리기만 한다면 My area is a popular neighborhood(우리 지역은 인기가 좋은 동네입니다)처럼 A is B 형식의 간단한 문장도 좋습니다. 뒤에 '그래서 인터넷에 우리 동네 관련 정보가 많다'를 추가해 준다면 완벽한 답변이 됩니다.

The Internet is the best way to get information about things to do in my area. My area is a popular neighborhood for tourists to visit, so there is a lot of information about my town on the Internet.

인터넷이 우리 지역에서 할 수 있는 것들에 대한 정보를 얻을 수 있는 가장 좋은 방법입니다. 우리 지역이 방문하는 관광객들에게 인기가 좋은 동네라서 인터넷에 우리 동네에 관한 정보가 아주 많아요.

Q7

> Do you recommend your area to someone who wants to go on vacation? Why or why not?
>
> 휴가를 가고 싶어 하는 누군가에게 당신의 지역을 추천하시겠어요? 그렇거나 그렇지 않은 이유는?

 **만점 답변 기술 적용**

❸ Q7 30초 답변 템플릿

서론	일반 의문문 질문입니다. Do you _____?이라 물으면 Yes, I _____.이라 답변을 시작할 수 있습니다. your area를 my area로 바꿔서 답변해야 하는 점을 유의하세요.
본론 (이유 1) / 본론 (이유 2)	'주어 is 형용사'와 같은 문장 구조 하나만으로 아주 좋은 문장이 끝도 없이 만들어 질 수 있습니다. 필수 표현에서 배운 There are many _____ in my area는 우리 동네를 자랑하는 방법으로 유용하게 쓰일 수 있는 표현입니다.
결론	So, these are the main reasons why I _____.과 같이 친숙한 공식을 사용하면 되겠습니다.

 만점 답변   🎧 MP3 테스트 2_답변 Q7

서론   Yes, I recommend my area to someone who wants to go on vacation. I have a few reasons for this.

네, 저는 휴가를 가고 싶어 하는 누군가에게 우리 지역을 추천합니다. 몇 가지 이유가 있는데요.

본론   The first reason is that the weather in my area is always nice and sunny.

첫 번째 이유는 우리 지역은 항상 날씨가 좋고 화창해요.

본론   Also, there are many beautiful attractions in my area so one would never get bored.

그리고 우리 지역에 아름다운 명소가 많아서 지루함을 느낄 틈이 없을 거에요.

결론   So, these are the main reasons why I recommend my area to someone who wants to go on vacation.

이것이 휴가를 가고 싶어 하는 누군가에게 제가 우리 지역을 추천하는 이유들입니다.

Q8-10

Innovate Tech- Annual Seminar December 21, Company Auditorium		
Schedule	**Session**	**Notes**
8:30 - 9:00 AM	Registration	
9:00 - 10:00 AM	Presentation: Virtual Reality	Ethan Jenkins
Noon - 1:00 PM	Lunch	(buffet lunch provided)
1:00 - 2:00 PM	Presentation: Volunteer Opportunities	Emily Jordan
2:00 - 3:00 PM	Discussion: Facilitating Partnerships	Harry Tucker
3:00 - 4:30 PM	Workshop: Exploring New Technology	Olivia Dawson

Innovate Tech 연례 세미나 12월 21일, 회사 강당		
시간	**일정**	**참고 사항**
오전 8:30 – 9:00	등록	
오전 9:00 – 10:00	발표: 가상 현실	Ethan Jenkins
정오 – 오후 1:00	점심	(뷔페 점심 제공)
오후 1:00 – 2:00	발표: 봉사 기회	Emily Jordan
오후 2:00 – 3:00	논의: 동업 조성	Harry Tucker
오후 3:00 – 4:30	워크숍: 새로운 기술 탐구	Olivia Dawson

Hello. I received an email about the annual seminar. But I can't seem to find it. I'm hoping you can answer a few questions.

안녕하세요. 연례 세미나에 대한 이메일을 받았습니다. 그런데 찾지를 못하고 있습니다. 몇 가지 질문에 답변해 주시면 좋겠어요.

1 표 분석하여 질문 예상하기

· Q8에서는 행사 장소, 시간, 날짜, 첫 번째 일정, 마지막 일정을 묻는 질문이 가장 빈번히 출제됩니다.

· Q9에서는 정보를 정정해야 하는 질문이 가장 빈번하게 출제됩니다. 표의 머리 내용뿐 아니라 특정 일정에 대해서 물어볼 수도 있습니다. 또한 표 안에 취소되거나 연기된 일정이 보인다면 출제될 확률이 높습니다.

· Q10에서는 공통된 정보가 포함된 일정, 특정 시간이나 점심시간 전/후 일정, 하나의 제목으로 묶여진 세부 사항이 출제될 가능성이 높습니다.

2 답변 만들기 공식

· Q8 답변으로 장소, 시간, 날짜에 대한 정보를 말해야 할 경우에는 '열리다/개최되다/진행되다'라는 의미를 가진 take place를 사용하여 '주제 will take place ~'라고 문장을 시작하고 그 뒤에 장소나 시간, 혹은 날짜를 붙여 주기만 하면 좋은 답변이 됩니다.

· 첫 번째 일정 시작 시간을 말해야 한다면 '주제 begins at 시작 시간' / '주제 starts at 시작 시간' / '주제 will begin at 시작 시간' / '주제 will start at 시작 시간' 등으로 답변할 수 있습니다.

· Q9 답변으로 정보를 정정해 주어야 한다면 No 혹은 You are wrong이라고 하는 것보다 Actually 정도로 부드럽게 답변을 시작하세요. 그러고 나서 올바른 정보를 말해주면 됩니다.

· Q10 답변으로 두 개의 일정을 말할 때 First / And then과 같은 단어를 사용한다면 더욱 정리된 답변이 됩니다.

Q8

> On what date will the seminar take place, and what time does the registration begin?
>
> 세미나는 어떤 날짜에 진행되며 등록은 몇 시에 시작하나요?

 점수 팁

· On what date은 날짜를 묻는 질문입니다. 날짜 앞에 on을 넣어 답변해야 합니다.

· what time은 시간을 묻는 질문입니다. The registration이 begin하는 시간을 물었습니다. 시간 앞에 at을 넣어 답변해야 합니다.

 만점 답변   🎧 MP3 테스트 2_답변 Q8

The seminar will take place on December 21st and the registration begins at 8:30 AM.

세미나는 12월 21일에 열릴 것이며 등록은 오전 8시 30분에 시작합니다.

TEST 2

Q9

> The discussion on Facilitating Partnerships is in the morning, right?
>
> 동업 조성에 대한 논의는 오전이죠?

 **점수 팁**

- '열리다 / 개최되다 / 진행되다'라는 의미의 take place와 be held는 파트 4 답변에서 가장 자주 쓰이는 표현입니다.
- '몇 시부터 몇 시까지'는 'from 시간 to 시간'으로 표현합니다.

 **만점 답변**　　　　　　　　　　　　　　　🎧MP3 테스트 2_답변 Q9

Actually, the discussion on Facilitating Partnerships will take place from 2 to 3 PM.

사실 동업 조성에 대한 논의는 오후 2시부터 3시까지 진행될 것입니다.

Q10

> I attended the seminar last year and found all the <u>presentations</u> very helpful. Could you give me all the details of any <u>presentations</u> that will be held this year?
>
> 작년에도 세미나에 참석을 했는데 모든 발표들이 굉장히 유익했어요. 올해 진행되는 발표들에 대한 세부 사항을 모두 알려 주시겠어요?

 **만점 답변**　　　　　　　　　　　　　　　🎧MP3 테스트 2_답변 Q10

Of course. First, from 9 to 10 AM, there will be a presentation on Virtual Reality given by Ethan Jenkins. And then, from 1 to 2 PM, there is going to be a presentation on Volunteer Opportunities given by Emily Jordan. So, it looks like we're going to have 2 presentations on December 21st.

물론이죠. 우선 오전 9시부터 10시까지 Ethan Jenkins가 하는 가상 현실에 관한 발표가 있을 것입니다. 그리고 오후 1시부터 2시까지는 Emily Jordan이 하는 봉사 기회에 관한 발표가 있을 예정입니다. 그래서 12월 21일에는 총 두 개의 발표가 있는 것으로 보입니다.

 **점수 팁**

- presentation은 누군가가 '말'을 하는 것이므로 답변 시 give라는 동사가 어울립니다.
- '그래서 12월 21일에는 총 두 개의 발표가 있는 것으로 보입니다'와 같이 시간을 채워 주는 문장은 시간이 부족한 경우에는 가차없이 빼야 합니다.

Q11

In your opinion, which of the following is the most beneficial for children? Choose one of the options provided below and give reasons or examples to support your opinion.

- Spending a lot of time outdoors
- Learning a foreign language
- Learning to play musical instruments

당신은 아래 중 어느 것이 아이들에게 가장 이롭다고 생각하나요? 아래 제시된 옵션 중 하나를 선택하고 이유나 예시를 들어 당신의 의견을 설명하세요.

- 밖에서 많은 시간을 보내는 것
- 외국어를 배우는 것
- 악기 연주를 배우는 것

📖 만점 답변 기술 적용

1 첫 문장 / 끝 문장 구상하기

첫 문장	I think spending a lot of time outdoors is the most beneficial for children and I have a few reasons for this.
끝 문장	So, these are the main reasons why I think spending a lot of time outdoors is the most beneficial for children.

2 본론 (이유) 만들기 / 부연 설명

이유 1	positive – health
부연 설명	directly related – concentration, appetite, energy
이유 2	team spirit
부연 설명	내 경험 / when I was a child – helpful

→ 답변 시 필수 표현에서 배운 'A can have a positive effect on B' / 'A is directly related to B' / '누구 can 동사'와 같은 표현을 적극 활용하세요.

첫 문장 I think spending a lot of time outdoors is the most beneficial for children and I have a few reasons for this.

저는 밖에서 많은 시간을 보내는 것이 아이들에게 가장 이롭다고 생각하며 여기에는 몇 가지 이유가 있습니다.

이유 1 First of all, participating in outdoor activities can have a positive effect on their health.

우선, 바깥 활동에 참여하는 것은 그들의 건강에 긍정적인 영향을 미칩니다.

부연 설명 Being healthy is directly related to many aspects such as concentration, appetite and energy.

건강하다는 것은 집중력, 식욕, 에너지와 같은 여러가지 부분에 직접적으로 관련이 있습니다.

이유 2 Another reason is that children can build team spirit by participating in outdoor activities together.

다른 이유는 아이들이 바깥 활동에 함께 참여함으로써 협동심을 키울 수 있다는 것입니다.

부연 설명 I will share my personal experience as an example. When I was a child, I spent a lot of time outdoors with my friends and I believe that this experience allowed me to become more of an adventurous and cooperative person.

제 개인적인 경험을 예시로 말해보겠습니다. 어렸을 때 저는 친구들과 밖에서 많은 시간을 보냈는데 이 경험이 저를 좀 더 모험심과 협동심이 강한 사람으로 만들어 주었다고 생각합니다.

끝 문장 So, these are the main reasons why I think spending a lot of time outdoors is the most beneficial for children.

이런 이유들로 저는 밖에서 많은 시간을 보내는 것이 아이들에게 가장 이롭다고 생각합니다.

📖 점수 팁

· I will share my personal experience as an example ~로 시작하는 부연 설명은 필수가 아닙니다. 주어진 시간만큼만 말을 할 수 있기 때문에 생략할 수도 있고 아니면 짧고 간단하게 할 수도 있습니다. (짧은 버전 예: I will share my personal experience as an example. When I was a child, I spent a lot of time outdoors. It was helpful for me in many different ways.

ACTUAL TEST 3

PART 1 지문 읽기 (Q1-2)

Q1 🎧MP3 테스트 3_답변 Q1

And now it's time for the local news. // This weekend, / Crown Village will be hosting its annual music festival. // The opening night show will feature a performance by Timothy Foster. // Timothy has gained national recognition for his singing, (→) / songwriting, (→) / and dancing. (↘) // Because this event is expected to attract large crowds, / area residents are encouraged to use public transportation.

그리고 이제 지역 뉴스 시간입니다. 이번 주말, Crown Village가 연례 뮤직 페스티벌을 주최합니다. 첫날 밤 무대에서는 Timothy Foster의 공연을 선보일 것입니다. Timothy는 그의 노래, 작곡, 그리고 춤으로 전국적인 인정을 받았습니다. 이 행사에 많은 사람들이 몰릴 것으로 예상되므로 지역 주민들은 대중교통 이용이 권장됩니다.

📖 만점 답변 기술 적용

1 강세

· 문장에서 주된 의미를 갖는 단어에 강세를 넣어 줍니다. 전치사, 관사를 제외한 대부분의 단어에 자연스럽게 강세를 넣어주면 됩니다.

2 연음 규칙

· 자음 바로 뒤에 모음 발음이 나오면 연음 처리를 하는 것이 유창하게 읽는 방법입니다.

3 억양

· A, B, and C로 문장이 끝나면 마지막 단어인 C가 끝날 때 억양을 내려 주어야 합니다.

4 장음 / 단음

· feature와 같은 장음 단어는 길게 발음하세요.

📖 점수 팁

· 긴 문장을 중간에 쉬지 않고 읽으려면 발음이 꼬이거나 숨이 딸리는 경우가 있습니다. 한숨에 읽는다고 점수가 더 오르는 것이 아닙니다. 쉬어도 되는 데서 쉬면 됩니다. 대부분의 문장에는 전치사 앞, 접속사 앞, 동사 앞 등 쉬어도 좋은 자리가 있습니다.

The opening night show / <u>will</u> feature a performance / <u>by</u> Timothy Foster.

Thank you for calling Alfred's restaurant, / the best place in the city for traditional Italian dishes. // We are located on Queen Street. // For directions, / please press "one". // Our hours of operation are from 11 A.M. to 10 P.M. every day. // To make, (→) / change, (→) / or cancel a reservation, (→) / please call back during working hours. (↘)

이탈리아 전통 음식을 시내에서 가장 잘하는 Alfred's 레스토랑에 전화 주셔서 감사합니다. 저희는 Queen Street에 위치하고 있습니다. 오시는 길을 들으시려면 1번을 눌러 주세요. 저희 영업시간은 매일 오전 11시부터 밤 10시까지입니다. 예약 또는 예약 변경이나 취소를 원하시면 영업시간에 다시 전화해 주세요.

📖 **만점 답변 기술 적용**

1 강세

- 문장에서 주된 의미를 갖는 단어에 강세를 넣어 줍니다. 전치사, 관사를 제외한 대부분의 단어에 자연스럽게 강세를 넣어 주면 됩니다.

2 연음 규칙

- 자음 바로 뒤에 모음 발음이 나오면 연음 처리를 하는 것이 유창하게 읽는 방법입니다.

3 억양

- A, B, and C로 문장이 끝나지 않고 그 뒤에 내용이 더 나올 경우에는 A, B, C 세 개 다 끝 억양을 (과하지 않게) 살짝 올리든, 살짝 내리든 상관없습니다. 문장의 마지막 단어인 hours에서 억양을 쭉 내림으로써 문장이 끝났다는 것을 알리는 것이 중요합니다.

4 장음 / 단음

- Queen Street처럼 장음 단어가 두 개 연속으로 나오면 발음 실수를 할 확률이 높아집니다. 준비 시간 동안 두어 번 반복하여 소리 내서 연습하는 것이 좋습니다.

📖 **점수 팁**

- 오전 11시는 11 A.M.으로 출제되기도 하고 eleven A.M.으로 출제되기도 합니다. 후자의 경우 자음 뒤에 모음이 나오는 것을 확인하기 쉽기 때문에 연음을 준비할 수 있는데 11 A.M.과 같이 숫자로 나오면 눈으로 보고 연음 법칙을 적용하기는 어렵습니다. 연음을 넣어 줄 부분을 효과적으로 찾기 위해서는 준비 시간에 소리 내어 연습해야 합니다.

Q3

📖 **만점 답변 기술 적용**

1 노트테이킹

· an airport

a lot of people / walking in different directions

most of the people / suitcases or carry-on bags

many signs

an entrance

some windows / bright daylight

busy / moving actively

2 첫 문장

· This picture was taken at an airport.

· This picture was taken at a place that appears to be an airport.

3 사람 묘사

· There are a lot of people in the scene and they're all walking in different directions.

· Most of the people have suitcases or carry-on bags.

4 사물/배경 묘사

· There are many signs here and there in the scene.

· And I see an entrance in the right of the picture.

· Behind the entrance, there are some windows and I see bright daylight coming through the windows.

5 끝 문장

· Overall, this picture gives out a busy feeling because everyone in the scene seems to be moving actively.

첫 문장   This picture was taken at a place that appears to be <u>an airport</u>.

이것은 공항처럼 보이는 곳에서 찍은 사진입니다.

사람 묘사   There are <u>a lot of people</u> in the scene and they're all <u>walking in different directions</u>. <u>Most of the people</u> have <u>suitcases or carry-on bags</u>.

장면에 많은 사람들이 있고 그들은 모두 다른 방향으로 걸어가고 있습니다. 대부분의 사람들은 여행 가방이나 휴대용 가방을 가지고 있습니다.

사물/배경 묘사   There are <u>many signs</u> here and there in the scene. And I see <u>an entrance</u> in the right of the picture. Behind the entrance, there are <u>some windows</u> and I see <u>bright daylight</u> coming through the windows.

장면 속 여기 저기에 많은 표지판들이 있습니다. 그리고 사진의 오른쪽에는 입구가 보입니다. 입구 뒤로 창문 몇 개가 있고 그 창문들을 통해 환한 햇살이 들어오는 것이 보입니다.

끝 문장   Overall, this picture gives out a <u>busy</u> feeling because everyone in the scene <u>seems to be moving actively</u>.

장면 속 모든 사람들이 활발히 움직이고 있는 듯 보여서 전반적으로 이 사진은 바쁜 느낌을 줍니다.

📖 **점수 팁**

· walking in different directions는 '다른 방향으로 걷고 있다'라는 의미입니다. 꽤 자주 사용할 수 있는 표현이니 챙겨 주세요.

· 사물/배경 묘사에 signs / entrance / windows / daylight이 묘사되고 있습니다. 만점 답변은 하나가 아니라는 것을 명심해야 합니다. 이 네 가지 요소 중 한두 가지를 빼는 것도 가능하고, 다른 사물을 묘사하는 것도 가능합니다.

· 마지막 문장에서 be동사 is 대신 seems to be를 사용하면 '~으로 보이는' 이라는 의미가 됩니다. appears to be로 대체해도 좋습니다.

Q4

1 노트테이킹

- a bakery

  3 women: a customer & 2 employees

  assisting the customer

  customer – wearing a white top

  employees – black uniforms

  a large display case / many bakery items

  more items – background

  calm – not much movement

2 첫 문장

- This picture was taken at a bakery.
- This picture was taken at a place that appears to be a bakery.

3 사람 묘사

- There are 3 women in the scene; a customer and 2 employees.
- One of the employees is assisting the customer.
- The customer is wearing a white top and the employees are wearing black uniforms.

4 사물/배경 묘사

- Between the customer and the employees, there is a large display case with many bakery items inside.
- And I see more items displayed in the background.

5 끝 문장

- Overall, this picture gives out a calm feeling because there is not much movement in the scene.

👍 **만점 답변**   🎧MP3 테스트 3_답변 Q4

첫 문장

This picture was taken at a bakery.

이것은 빵 가게에서 찍은 사진입니다.

사람 묘사

There are 3 women in the scene; a customer and 2 employees. One of the employees is assisting the customer. The customer is wearing a white top and the employees are wearing black uniforms.

장면 안에 고객 한 명과 직원 두 명, 총 세 명의 여성이 있습니다. 직원들 중 한 명은 고객을 응대하고 있습니다. 고객은 흰색 상의를 입고 있고 직원들은 검은색 유니폼을 입고 있습니다.

Between the customer and the employees, there is <u>a large display case</u> with <u>many bakery items</u> inside. And I see <u>more items</u> displayed in the <u>background</u>.

고객과 직원들 사이에 많은 베이커리 품목들이 들어 있는 커다란 진열대가 있습니다. 배경에 더 많은 품목들이 진열되어 있는 것이 보입니다.

Overall, this picture gives out a <u>calm</u> feeling because there is <u>not much movement</u> in the scene.

장면 속에 활동량이 많지 않아서 전반적으로 이 사진은 차분한 느낌을 줍니다.

📖 점수 팁

· 단수 명사/복수 명사는 고민하지 않아도 자연스럽게 입에서 나올 정도로 숙지가 되어 있어야 합니다. 한 명의 사람이 입고 있으니 a white top, 두 명의 직원이 입고 있으니 uniforms입니다.

PART 3 **질문에 답하기 (Q5-7)**

Q5-7

Imagine that a US company is doing research in your country. You have agreed to participate in a telephone interview about doing activities with your friends.

한 미국 기업이 당신의 나라에서 시장 조사를 하고 있다고 상상해 보세요. 친구들과 함께 하는 활동들에 관한 전화 인터뷰에 응하기로 했습니다.

Q5

When did you last go out with your friends? What did you do?

마지막으로 친구들과 외출한 것은 언제였나요? 무엇을 했나요?

📖 만점 답변 기술 적용

1 질문 유형 파악 When (의문 대명사) + What (의문 대명사)

· When에 대한 답변은 이미 준비되어 있는 단어 중 하나를 골라서 사용하는 것이 효율적인 방법입니다. (yesterday / 2 weeks ago / last weekend 등)
· What에 대한 답변은 창작을 재빨리 하는 것이 중요합니다. We went to a park. / We went to a coffee shop. / We visited a museum. 무엇이든 좋으니 um … um ...과 같은 망설임이 없어야 합니다.

② 추가 문장 만들기

· What에 대한 답변을 We went to a coffee shop.이라고 답변했다면 거기서 무엇을 했는지를(커피 마셨다, 빵을 먹었다, 공부했다, 폭풍 수다 떨었다 등) 추가 문장으로 말하는 것도 좋고, 출제되지 않은 How often과 같은 질문을 떠올리며 We usually go to a coffee shop together once or twice a month.와 같은 문장을 추가하는 것도 좋습니다.

 만점 답변 🎧 MP3 테스트 3_답변 Q5

I went out with my friends yesterday, and we went to a park together. We took a long walk, had lunch on a bench, and talked for hours.

저는 친구들과 어제 외출했고, 우리는 함께 공원에 갔어요. 긴 산책을 하고, 벤치에서 점심을 먹고, 몇 시간 동안 수다를 떨었습니다.

Q6

How do you find out about new activities to do with your friends?

친구들과 함께 할 수 있는 새로운 활동들에 대해 어떻게 알아내세요?

 만점 답변 🎧 MP3 테스트 3_답변 Q6

I usually find out about new activities through the Internet. There is a lot of useful information about activities that I can enjoy with my friends. And sometimes, I can find great promotional discounts for fun activities.

저는 주로 인터넷에서 새로운 활동들에 대해 알아내요. 친구들과 함께 즐길 수 있는 활동들에 관한 유용한 정보가 많이 있습니다. 가끔은, 재미있는 활동들을 엄청나게 할인하는 것을 찾아내기도 해요.

Q7

Would you prefer to invite your friends to your home or to go out? Why?

당신은 친구를 집으로 초대하는 것과 외출하는 것 중 무엇을 선호하나요? 이유는 무엇인가요?

 **만점 답변 기술 적용**

③ Q7 30초 답변 템플릿

서론	양자택일 질문입니다. A or B라고 묻는 질문에서 or 앞뒤의 A와 B가 정확히 어떤 부분인지 파악해야 좋은 첫 문장이 나올 수 있습니다.
본론 (이유 1) / 본론 (이유 2)	집을 선택했을 경우 필수 표현에서 배운 There are many _____ in my house.는 내 집을 자랑하는 방법으로 유용하게 쓰일 수 있는 표현입니다. 필수 표현 중 '실내 vs. 실외' 관련 표현을 활용할 수도 있습니다. 집은 '실내' 관련 표현을, go out은 '실외' 관련 표현을 사용할 수 있습니다.

So, these are the main reasons why I _____.과 같이 친숙한 공식을 사용하면 됩니다.

만점 답변   🎧 MP3 테스트 3 _ 답변 Q7

서론 I would prefer to invite my friends to my home and I have a few reasons for this.

저는 친구를 집으로 초대하는 것을 선호하며 여기에는 몇 가지 이유가 있습니다.

본론 The first reason is that there are many fun things in my house such as video games, comic books and so on.

첫 번째 이유는 저희 집에 비디오 게임이나 만화책 등 재미있는 것들이 많아요.

본론 Also, if we stay home, we don't have to worry about a lot of things like setting up a place to meet and what to wear.

그리고 집에 있으면 만날 장소를 정하는 것과, 무얼 입을지와 같은 여러 가지 것들에 대해 걱정하지 않아도 되고요.

결론 So, these are the main reasons why I would prefer to invite my friends to my home.

이것이 제가 친구를 집으로 초대하는 것을 선호하는 주된 이유들입니다.

Q8-10

<table>
<tr><td colspan="3" align="center">Package Trip to New York</td></tr>
<tr><td colspan="3">New York Trip (June 5 – 7)
Accommodation: Blue Moon Hotel
Price: $250
Only meals listed are included in the price</td></tr>
<tr><td>Date</td><td>Time</td><td>Activity</td></tr>
<tr><td>June 5</td><td>2:00 – 4:00 p.m.</td><td>Welcome and Orientation</td></tr>
<tr><td></td><td>6:00 – 8:00 p.m.</td><td>Dinner: Crown Sky Restaurant</td></tr>
<tr><td>June 6</td><td>10:00 a.m. – Noon</td><td>Walking Tour: Central Park</td></tr>
<tr><td></td><td>Noon – 1:30 p.m.</td><td>Lunch: Union Square Café</td></tr>
<tr><td>June 7</td><td>11:00 a.m. – 2:00 p.m.</td><td>Walking Tour: Historic Buildings</td></tr>
<tr><td></td><td>8:00 p.m. – 10:00 p.m.</td><td>Theater Show: "The Life and Times"</td></tr>
</table>

<table>
<tr><td colspan="3" align="center">뉴욕 패키지 여행</td></tr>
<tr><td colspan="3">뉴욕 여행 (6월 5일 – 7일)
숙소: Blue Moon Hotel
가격: 250달러
표에 실린 식사만 가격에 포함</td></tr>
<tr><td>날짜</td><td>시간</td><td>활동</td></tr>
<tr><td>6월 5일</td><td>오후 2:00 – 4:00</td><td>환영 인사 및 오리엔테이션</td></tr>
<tr><td></td><td>저녁 6:00 – 8:00</td><td>저녁 식사: Crown Sky Restaurant</td></tr>
<tr><td>6월 6일</td><td>오전 10:00 – 정오</td><td>도보 투어: Central Park</td></tr>
<tr><td></td><td>정오 – 오후 1:30</td><td>점심 식사: Union Square Café</td></tr>
<tr><td>6월 7일</td><td>오전 11:00 – 오후 2:00</td><td>도보 투어: Historic Buildings</td></tr>
<tr><td></td><td>저녁 8:00 – 10:00</td><td>극장 공연: "The Life and Times"</td></tr>
</table>

Hi, a friend told me about your package trip to New York and I'd like some more information.

안녕하세요. 친구가 이 뉴욕 패키지 여행에 대해 알려 주었는데 정보를 더 알고 싶습니다.

 **만점 답변 기술 적용**

1 표 분석하여 질문 예상하기

· 여행 일정은 행사 일정과 크게 다를 바 없습니다.

· Q8에서는 행사 장소, 시간, 날짜, 첫 번째 일정, 마지막 일정을 묻는 질문이 가장 빈번히 출제됩니다.

· Q9에서는 정보를 정정해야 하는 질문이 가장 빈번하게 출제됩니다. 표의 머리 내용뿐 아니라 특정 일정에 대해서 물어볼 수도 있습니다. 또한 표 안에 취소되거나 연기된 일정이 보인다면 출제될 확률이 높습니다.

· Q10에서는 공통된 정보가 포함된 일정, 특정 시간이나 점심시간 전/후 일정, 하나의 제목으로 묶여진 세부 사항이 출제될 가능성이 높습니다.

2 답변 만들기 공식

· Q8 답변으로 장소, 시간, 날짜에 대한 정보를 말해야 할 경우 전치사를 정확하게 답변해야 합니다. (in 방 / at 건물 / at 시간 / from 시작 시간 to 끝나는 시간 / on 날짜 등)

· Q9 답변으로 정보를 정정해 주어야 한다면 Actually로 답변을 시작하는 것이 자연스럽습니다.

· Q10 답변으로 두 일정이 하루에 열리는 것이 아니고 다른 날에 열린다는 것을 말해야 한다면, 'First on 날짜 1 / And then on 날짜 2'와 같이 말할 수 있습니다. First나 And then은 생략하고 'On 날짜 1 / On 날짜 2'라고 말해도 좋습니다.

Q8

On what date does the trip start and on what date does it end?

여행이 며칠에 시작해서 며칠에 끝나나요?

 **점수 팁**

· start와 end가 포함된 기간을 묻는 질문에는 '주제 starts on 시작 날짜 and ends on 끝나는 날짜'라고 답할 수도 있고, take place를 사용하여 '주제 will take place from 시작 날짜 to 끝나는 날짜'라고 답할 수도 있습니다.

 **만점 답변**　　　　　　　　　　　　　　　　　　　　　　　　　　🎧 MP3 테스트 3 _ 답변 Q8

The trip starts on June 5th and ends on June 7th.

그 여행은 6월 5일에 시작해서 6월 7일에 끝납니다.

Q9

> I heard that on the first day, there's a dinner at the famous Beetle House Restaurant. Is that right?
>
> 첫째 날에 그 유명한 Beetle House Restaurant에서 저녁 식사가 있다고 들었습니다. 맞나요?

 **점수 팁**

- 화려한 문장을 영작하려고 하기보다는 우리에게 익숙한 'There will be 일정 at 장소.'와 같은 문장을 실수 없이 최대한 자연스럽게 말하는 것이 만점의 확률을 높이는 가장 좋은 방법입니다.

 만점 답변　　　　　　　　　　　　　　　　　　🎧 MP3 테스트 3 _답변 Q9

Actually, there will be a dinner at the Crown Sky Restaurant.

사실 Crown Sky Restaurant에서 저녁 식사를 할 것입니다.

Q10

> Could you give me all the details you have about the walking tours?
>
> 도보 투어에 대한 세부 사항을 모두 말해 주시겠습니까?

 **점수 팁**

- 'On 날짜, there will be 일정 from 시작 시간 to 끝나는 시간'과 같이 행사 일정을 말하는 것과 마찬가지 방식으로 문장을 만들면 됩니다.
- 표 안에 tour가 보이고 장소가 기재되어 있으면 'tour of 장소'라고 말하면 자연스럽습니다.

 **만점 답변**　　　　　　　　　　　　　　　　　　🎧 MP3 테스트 3 _답변 Q10

Sure. First on June 6th, there will be a walking tour of Central Park from 10 a.m. to noon. On the next day on June 7th, there is going to be a walking tour of the Historic Buildings from 11 a.m. to 2 p.m.

물론이죠. 우선 6월 6일 오전 10시부터 정오까지 Central Park 도보 투어가 있을 것입니다. 다음 날 6월 7일 오전 11시부터 오후 2시까지 Historic Buildings 도보 투어가 있을 예정입니다.

Q11

> Do you agree or disagree with the following statement? 'A team leader must be skilled at motivating others.' Use specific reasons or examples to support your opinion.
>
> '팀 리더는 다른 이들에게 동기 부여를 할 수 있는 능력이 있어야 한다'는 의견에 동의하십니까? 동의하지 않으십니까? 구체적인 이유나 예시를 들어 의견을 설명하세요.

만점 답변 기술 적용

1 첫 문장 / 끝 문장 구상하기

첫 문장	I agree with the following statement, a team leader must be skilled at motivating others. I have a few reasons to support my opinion.
끝 문장	So, these are the main reasons why I agree with the following statement, a team leader must be skilled at motivating others.

2 본론 (이유) 만들기 / 부연 설명

이유 1	high quality ideas & products
부연 설명	financial profit
이유 2	problems – effective solutions
부연 설명	내 경험 / my team leader – everyone is energetic

첫 문장　I agree with the following statement, a team leader must be skilled at motivating others. I have a few reasons to support my opinion.

저는 '팀 리니는 나른 이들에게 동기 부여를 할 수 있는 능력이 있어야 한다'라는 이견에 동의합니다. 저의 의겨을 뒷받침하는 몇 가지 이유가 있습니다.

이유 1　First of all, motivation allows people to come up with high quality ideas and products,

우선, 동기 부여는 사람들이 좋은 아이디어와 결과물을 만들어 낼 수 있게 해 주며,

부연 설명　and this can bring financial profit to the company.

그리고 이것은 회사에 재정적 이익을 가져다 줄 수 있습니다.

이유 2　Also, if problems come up, motivated employees are more likely to find effective solutions to the problems.

또한, 문제가 발생할 경우 동기 부여가 잘 되어 있는 직원들은 문제의 효과적인 해결책을 찾아낼 수 있는 확률이 더 높습니다.

부연 설명　I will share my personal experience as an example. In my case, my department's team leader is very skilled at motivating her team members and she has great leadership skills. Everyone in the office is very energetic and productive and I'm pretty sure that it's because of her constant attempt to encourage and motivate others.

제 개인적인 경험을 예시로 말해보겠습니다. 제 경우에 부서 팀장님이 팀원들에게 동기 부여를 하는 능력이 굉장히 좋고 리더십도 뛰어납니다. 사무실에 있는 모든 사람들이 매우 에너지가 넘치고 생산적인데 그것은 다른 이들을 격려하고 동기 부여를 하고자 하는 팀장님의 끊임없는 노력 덕분이라고 확신합니다.

끝 문장　So, these are the main reasons why I agree with the following statement, a team leader must be skilled at motivating others.

이런 이유들로 저는 '팀 리더는 다른 이들에게 동기 부여를 할 수 있는 능력이 있어야 한다'라는 의견에 동의합니다.

📖 점수 팁

· p.137 출제율 1위 문제 유형에서 소개된 템플릿을 적극 활용할 수 있습니다.

· 경험 부분은 주로 지어내는 것이므로 내용을 바꿔도 되고 짧게 줄여도 됩니다. 'A can have a positive effect on B'를 사용하여 경험 부분을 my department's team leader is very skilled at motivating her team members and this has a positive effect on everyone in the office(부서 팀장님이 팀원들에게 동기 부여를 하는 능력이 굉장히 좋고 이것이 사무실에 있는 모든 사람들에게 긍정적인 영향을 줍니다).와 같이 스스로에게 친숙한 방식으로 내용을 만드는 연습이 중요합니다.

TEST 3

메모

메모

메모

메모

20시간에
끝내는
토익
스피킹

파트별 교재

영단기 2기적 토익 LC

영단기 2기적 토익
PART 5&6

영단기 2기적 토익
PART 7

영단기 토익 PART 7
유형별 공식 40

실전모의고사

영단기 신토익 LC+RC
빈출모의고사

영단기 토익 실전
1000제 1 LC

영단기 토익 실전
1000제 1 RC

영단기 토익 실전
1000제 2 LC

영단기 토익 실전
1000제 2 RC

영단기 오픽 & 토익스피킹 교재

영단기 OPIc

영단기 OPIc
실전모의고사

영단기 토익스피킹

영단기 지텔프 교재

정재현 지텔프 Level 2

지텔프 기출문제 Level 2

지텔프 독해 유형별
기출문제 Level 2

지텔프 문법 유형별
기출문제 Level 2

취업과 성공의 아이콘
인생을 바꾸는 토익 스피킹
제이정입니다.

정확한 발음 가이드　　**최신 트렌드 분석**

- 영단기 TOEIC Speaking 대표강사
- 제이정 잉글리쉬랩 연구소장
- Maryland Institute College of Art 학사
- 前 파고다 교육그룹 TOEIC Speaking 대표강사 2009-2013
- 파고다 교육그룹 '최우수 강사상(Best Teacher Award)' 수상 2012
- 영단기 토익 스피킹 온/오프라인 수강생 최다 강사
- 前 파고다 토익 스피킹 오프라인 수강생 최다 강사

특별 혜택

[영단기] 신유형 개정판
20시간에 끝내는 토익 스피킹(입문반)

강의 30% 할인 쿠폰

- 쿠폰 상세: 해당 강의 30% 할인 쿠폰
- 쿠폰 등록 및 사용방법:
  영단기(eng.conects.com) 로그인>내보관함>
  내쿠폰/캐시/포인트>쿠폰등록 클릭> 16자리 쿠폰번호 입력

쿠폰 번호	W4HT-7PAH-1U1K-WXLN